U0836114

这样管，项目才能不差钱

互联网时代项目管理术

高德◎著

文化发展出版社
Cultural Development Press

图书在版编目（CIP）数据

互联网时代项目管理术 / 高德著. -- 北京 : 文化发展出版社有限公司, 2016.7

ISBN 978-7-5142-1336-2

Ⅰ. ①互… Ⅱ. ①高… Ⅲ. ①项目管理—研究 Ⅳ. ①F224.5

中国版本图书馆CIP数据核字（2016）第129636号

互联网时代项目管理术

高德 / 著

责任编辑：肖贵平　罗佐欧　　责任设计：侯　铮

责任校对：岳智勇　　责任印制：孙晶莹

出版发行：文化发展出版社（北京市翠微路2号　邮编：100036）

网　　址：www. keyin.cn　　www.pprint.cn

经　　销：各地新华书店

印　　刷：三河市兴达印务有限公司

开　　本：787mm×1092mm　1/16

字　　数：210千字

印　　张：14

印　　次：2016年8月第1版　2016年8月第1次印刷

定　　价：39.00元

I S B N：978-7-5142-1336-2

Preface 序言

不管生活还是事业，人们总是不由自主地寻求复杂，并在复杂中迷失。这就是为什么失败的创业者满大街都是，成功者古今都如此稀少的原因。如何寻找一个“好项目”并让它赚到很多的钱？的确有一些非常简单并长期有效的方法和步骤。你可以看看那些赚到大钱的投资者，他们不过是使用了一些常用和普通的原理，就像小孩的戏法一样简单。他们知道市场很冷酷，但并不邪恶。他们从残酷无情的市场变化中寻找并总结出了规律，从短期利益和长期回报的博弈中获得了平衡，所以他们成了赢家。哪怕是在颠覆一切旧规则的互联网时代，这些商业原理仍然是适用的，始终焕发着活力。问题是，只有少数人看到并愿意去实施，大多数人却轻易地忽略掉了这些原则。

过去的15年中，我每天都在和大大小小的“项目”打交道。从公司的第一个发展机遇开始，到今天遍布全球7个国家的35家分支机构，我经历了从无数简单的“小项目”到关系公司生死存亡的“大项目”的发展。在这个漫长的过程中，我的经验一定不是最丰富的，但本书的内容是真诚的，也是真实的。我会和你分享最有效的经营方式和做好一个项目的“奥秘”——不是天花乱坠的投资法则，而是真正的成功者不想告诉你的东西。

按照本书的要求去做，你未必就能拥有罗杰斯、巴菲特那样的天才眼光，发现隐藏在市场假象、价格波动和被踩在庸碌大众脚下的巨大商机——这样的人物是举世罕有的，但你一定能够把自己眼下的项目经营好，并且从此对“赚钱的项目”有不一样的理解。这会使你减少可能会发生的损失，并增大未来的成功概率。

任何赚钱的项目，都是“最平常的”

我观察了很多人。他们有相当长的时间做研究，了解投资、管理理论，为自己准备人才，或者奋笔疾书“了不起的商业构想”。但是，很少或者说没有去实施任何项目，始终在观望。他们害怕投资风险，感觉自己缺乏驾驭的能力，因此不敢行动。还有的人则眼高手低，不是觉得这个项目的操作太过烦琐，就是认为那个项目的利润率太低。发现了某些“暴利项目”，他又优柔寡断，难下决心。

我有一位姓梁的朋友，1996年怀着一颗“仗剑闯龙潭”的雄心壮志孤身到美国，先在唐人街的某个厨房打了3年工，接着就跑到华尔街的某栋高档写字楼当了一名证券分析师。这还不是他人生中最大的转变。2006年，厌烦了金融市场的肮脏与罪恶的梁先生离开纽约，回到国内当了一名“自由投资者”——自己找项目投资运作。他不喜欢写，也不想看商业计划书，而是针对某个中意的项目进行海量的信息分析。

他会到百度和淘宝搜索产品的应用范围和普及程度，到“大数据仓库”搜集相关的商家和用户，有时也打电话问朋友、亲人和老同学的意见。利用网络与信息技术的优势，这既能判断市场的前景，又能看到自己有多少竞争者。后来，他成功地找到了一个开发手机周边应用产品的项目进行投资，然后专注于这个领域，一直坚持下来，最终将其转化为自己的项目，从中获得了非常高的盈利。经过这些年的经历，他对创业和项目管理有着极为深刻的认知，并提出了一个观点：“凡是赚钱的项目，都是最平常的。”

为什么与互联网有关的项目赚钱？因为人人都在用互联网。这就是“平常度”产生的结果。互联网已经成为今天社会的主流，是生活和工作的常态。在这个背景下，怎么寻找和管好项目？就是“平常度”。他解释说：“平常度是和普通人的生活息息相关的概念，既实用又没有什么太高的理解难度。有平常度，在互联网上就有推广度。产品的平常度越高，你就越赚钱。反之，你的市场就越狭窄。”许多人到处找项目，却对身边的商机视而不见。不得不说，这是对项目的理解有误造成的。他们觉得能赚大钱的项目一定远在天边，可事实是——人就是市场。人们普遍看不到的东西，你是很难赚到钱的。

一个产品就是一个项目。或者说，你知道了什么叫产品，才能真正理解项目的含义。项目必须具有产品的应用性，应用越广，就越容易赚钱。否则，你的经营和推广技巧再高明，也很难开拓市场。一个好项目就像“怀胎十月”，它既等你去播种，又需要你不断对它优化培养，从“最平常”中开发出“最赚钱”。任何人只要坚持这个原则，专注地从身边发现机遇，都可以逐渐拓展出自己的项目，并且提高自己赚钱的可能性——只要你懂得如何把它管理好。

这不是一本邪恶的书，而是优胜劣汰的“项目生存法则”

本书的某些内容打击了一部分人的自信，因为我始终会强调“多数人的方法错误”——你的项目没有赚钱，与环境和政策无关，而是你操作项目的方法让你“死得其所”。有些人自认为了解了互联网世界的玄机，事实上他还有一只脚踩在门外；有些人可能看了几页内容，就会把它扔到一边，视之为教人“不择手段榨取利润”的邪恶的投机理论。但它恰恰是今天这个市场的现实：在优胜劣汰的市场生存法则下，不赚钱的项目从一开始就不具备存在的正当性。为了赚钱，你就必须学会发现项目、管理项目的“基本法”。

2002年，公司刚起步的时候，我的手里没有多少钱——从华盛顿离职时的存款再加上几个朋友的友情援助，总计约25万美元。对一家高端培训机构所耗费的资金而言，这点钱无异于杯水车薪，贸然起步，只会在竞争对手资金优势和人才优势的围剿下很快关门大吉。任何一个行业的市场都是如此，丰满的理想都需要现实的坚实支撑。我有一个好项目，但能不能活下来？尚不可知。面对这种情况，我从投资特区街头的广告位开始起步——利用自己的工作经历和人脉优势，通过6个月的时间，我把手中的25万美元“变”成了80万美元。虽然离公司的启动资金还有一定的差距，但这段时间却为我争取到了一个重量级的合伙人：高盛公司负责GS资本合作投资业务的范德尼·多明戈。

一天早晨，我接到了范德尼的电话。他没有请我去高盛公司总部面谈，而是请我喝杯咖啡。我说：“谢谢，我现在就去纽约。”他在电话中笑道：“我已经到华盛顿了，你知道乔治城M街的司登咖啡馆吗？两个小时后我在那里等你。”听起来会令你感到“失望”的一点是，范德尼并没有在会谈中翻阅我准备充分的“项目计划书”——人们总以为投资者最感兴趣的就是一份具备说服力的计划书，而是开门见山地问了两个十分简单的问题：

“你准备为哪些人提供服务？”

“这些人为什么要相信你？”

我只用了一分钟的介绍就给出了自己的答案，然后，范德尼迅速拍板，同意和我合作。范德尼关心的问题，恰恰是一个项目能不能发展壮大、从市场赚到钱的两个关键环节：前者是市场，后者是能力。如果项目有市场，而你恰好又具备把它做好的能力，这个项目才真正拥有了活下来的机会。否则，它将永远写在纸上，或留在人们的记忆中，让你恋恋不舍。

这就是项目的赚钱原理。它非常的简单——我们把钱投到一个有美好前景的产品或服务上，再为自己赚来更多的钱。就是这样很简单的道理却没有多少人可以懂得，并运用到项目中。因为人们总是忽略了项目盈利最为关键的要素，甚至对什么是真正的好项目和如何管理项目懵懂无知。失败者的头脑中更多的在考虑自己，而不是分析市场的需求。就像有的人开了一家餐饮店，两三年过去了仍然是一个小老板；而同一条街上的另一家餐饮店却发展成了连锁集团，并通过网络平台开拓了占30%营业收入的外卖业务。造成这两种差距的是“他们对项目和市场的认识”，而不是“谁更努力一些”。

学会“项目思维”，比赚多少钱更重要

本书的优点是什么?

第一，它不是一本纯粹的理论书籍，也不是教你如何**投机**取巧的赚钱工具。**它揭示了项目在互联网时代的本质，**通过分析不同行业、不同投资方式、不同项目思维的盈亏，告诉你什么才是值得去做的“好项目”，以及为此要做哪些必要的准备。

第二，书中结合国内外的海量案例对**“项目管理的实用原则”和“不为人知的正确做法”**进行了通俗易懂的阐述，特别是许多知名投资人和项目经理的现身说法，为你展示了一种不同于传统思考的网络时代的**“项目思维”**。

第三，我们在书中也提供了详尽的数据与完整的实战过程，从定义项目、选择项目，到吸引投资、搭建团队、管理项目，以及对项目的执行和评估、对风险的预测和预防，每个环节都有简洁和具有说服力的介绍。重要的是，我们提供了一些宝贵的可供参考的步骤，无论是什么项目、哪一个行业，都有非常实用的借鉴价值。

可以说，从本书中学会用“项目思维”去思考项目、选择项目、执行项目，这是比计算“能赚多少钱”更重要的事情。你要站在市场的角度考虑问题，要站到项目的立场思考自己应该做的事情，才能管理好自己的项目，让它带来计划中的回报。

Contents

目 录

第一章

重新定义项目

◎我们把三流的项目交给一流的项目管理人，可以获得二流以上的回报；把一流的项目交给三流的项目管理人，却只能得到四流的回报。这是因为，“项目管理人”的素质比市场更能决定项目的生死。我们不但要评估项目本身的市场潜力，还要看看自己能不能组建一支优质的运营团队，拥有一批优秀的人才。所以出色的投资者总是把项目结合在一起进行评估，而不是仅靠市场数据分析盈利的可能性。

◎互联网的特点是开放共享，它天生就是跟行业保护为敌的。这决定了我们本书的项目思维：第一，我们要有开放的心态；第二，我们要不断地学习和接受新生事物；第三，我们要勇于实践新的商业思维和管理模式；第四，我们要对正确的方向坚持到底、放眼将来。互联网时代的项目管理，既是知识管理，又是技术管理，还是思维管理。你是否愿意接受互联网的创新模式，创见性地对项目的投资模式、研发和管理结构进行颠覆式的创新？你是否愿意一切面向客户，以消费者为中心？

赚钱的前提——懂得什么是“好项目”

尽管今天已经是一个商机遍地的创业的黄金时代，但是，找到可以赚钱的“好项目”却越来越成为一门科学、一项十分考验人的判断能力的商业策略行为。怀尼特·布杰是洛城一家投资公司的创始人。他是精明的商人，也是拥有一双慧眼的项目专家。他的公司成立至今已经投资了240多个项目，平均每个项目的投资额为350万美元，总的账面回报则超过了投入资金的4倍。

他感慨地说：“钱越来越好赚，但好项目越来越难找。”这是一个充满矛盾的世界？事实是，在资本席卷一切行业的狂潮中，稍不小心你就会丢掉口袋里的钞票。他以自己20年的投资经验告诉我们，如果不明白什么才是值得投资的项目，你其实是很难赚到钱的。

2013年，布杰的公司在洛城举办了一个“发现好项目”的投资论坛。对于什么是“好项目”，他认为，与其先去研究产品和服务，不如先看看项目管理人的素质能否适应这个新的时代。项目的盈利都要利用人性（市场）的弱点，就像他投资的一部电影打动了无数人而卖座，回报高达6倍。他对此的评价是**“电影成功地利用了观众‘感动’的人性弱点”**——真是出人意料的看法。而这恰恰是你在本书一开始就要学习的技能——从人性的层面看待项目，重新认识项目。要真正想做好自己的项目，你必须放弃过去的某些传统思维，转而从项目和人的结合部（获利角度）寻找突破口。

“项目”和“人”是不可分割的

北京有位生意人张先生这几年老是赔钱。他事业起步时在南方开过连锁酒吧。赚到人生的第一桶金后，他便来北京投资别的项目。两三年内，他接连拿出了1700多万元投了3个项目，分别是一部小成本电影、一款手机APP软件和一种家居使用的空气净化产品。从市场的角度看，这三种产品都极有市场，人们的需求大，应用范围广，盈利前景是非常可观的。由此可见，张先生是很懂得赚钱的人，也知道什么项目值得投资。但他却只收回了500多万元的本钱，其他所有的钱都赔光了。

他为何在这么好的项目上赔钱了？

我就问他：“你的这些投资有什么标准吗？”

张先生毫不犹豫地说：“当然是看项目的市场有多大。”

这是他唯一的标准，也是他对项目的定义：只要有市场，项目就可以去做。这句话看起来是非常有道理的，没有逻辑漏洞，但是，少了点什么？就是布杰强调的“项目管理人”——负责项目运营和执行的团队素质，比市场更能决定项目的生死。

1. 把三流的项目交给一流的项目管理人，可以获得二流以上的回报。

2. 把一流的项目交给三流的项目管理人，却只能得到四流的回报。

这是我十几年来始终坚持的标准。我们不但要评估项目本身的市场潜力，还要看看自己能不能组建一支优质的运营团队，拥有一批优秀的人才。所以，出色的投资者总是把项目结合在一起进行评估，而不是钻到市场数据中寻找盈利的可能性。

对投资者而言，这个选择项目的原则显然是非常重要的。那么，项目本身的“执行者”呢？你有没有研究过自己的个性对项目成败的影响，并由此来寻求适合自己性格与兴趣的项目？一个好项目必须是符合自身条件的，项目和人不能互相契合，它也就很难赚钱——至少难以做到长久的盈利。

“好项目”不可缺少的三个特点

1. 必须经得起充分的论证

软银公司的孙正义是这个时代全世界最优秀的投资人之一。他在马云的事业起步期给予了十分重要的资金支持。当时，国内没有银行愿意把钱借给马云做阿里巴巴。孙正义却慧眼识珠，看到了这个项目的巨大潜质，并且做出一个今天看来无比正确的决定。他之所以有这样的眼光，是由他严谨的性格和喜欢论证的思维方式决定的。

大学毕业后，孙正义从美国回到了日本准备开创自己的事业。他选出了50多个项目和可能的目标，然后花了一年的时间进行逐步考察。他不是“想一想”或“看一看”的那种蜻蜓点水的考察，而是写出了一米多厚的资料，进行了充分的论证。最后，他选择做软件。因为他在论证后发现，只有这个目标是适合自己的，是他可以做好的。

一个能够让你赚钱的好项目，它首先要经得起反复和长期的论证。阿里巴巴为何经得起论证？因为它为未来的商业经济规划好了一个完整的产业链。阿里巴巴有一份成熟的计划，有一个广阔的未来，还有一个可靠的带头人。这就是论证的结果。有了这个过程，你能把风险降到最低，并且同时进行周密的准备。这样一来，在项目的起跑阶段，你就跑到了别人的前面。因为你的准备越充足，自信心也就越强。

2. 必须传播正能量

即便在光怪陆离的互联网时代，有些传统道德仍然设有禁区，不可轻易触碰。有一位费城的投资人因为投资了一款“匿名社交APP”而“损失惨重”——长达5年的时间都没能盈利，最后不得不以损失大半资金的代价从中撤出。这样的项目固然有可能增长，但很难变成真正被广泛认可的产品。像这种处于灰色地带的项目是坚决不能投资的，因为它承载着一种社会的负能量。

凡是有较强增长性的项目，都有“传播正能量”的特点。比如即时通信工具、汽车导航、可定位的儿童手表等。当你的项目能够让大众看到并体会到它的积极价值时，盈利的前景就会非常乐观了。

3. 必须有商业价值，最好是待开发的“新价值”

布杰曾对我说：“你要把项目视作一个人。一个人要在竞争中获胜需要具备哪些优势呢？最大的优势莫过于他有别人不具备的价值。”就是说，它必须具备足够大的商业价值，而且是有待开发的“新价值”——别人尚未发现，你已经看到并走到了别人的前面。当你找到这样的项目时，想赚钱就很容易了。

项目的基本元素

说了这么多，项目到底是什么？在本书中，我们所强调的“项目”首先包含下面这些基本的特征：

第一，我们开发项目是为了实现一个短期或长远的商业目标，这个目标以盈利为目的。

第二，我们要为项目准备相应的预算、时间和资源，它们要有量化的标准。

第三，我们的项目有一定的操作复杂性，它绝少是一次性的。

第四，我们做的项目一定是以客户为中心，也就是市场。离开市场的生意没有意义。

第五，任何一个面向未来的商业项目都不得忽略互联网的存在——无视这一基础环境的生意在今天已无容身之地，或无盈利空间，或基本不被投资人看好。在互联网的介入下，项目比过去传统的生意增加了复杂的并且相互关联的电子商务平台和网络市场的因素。

第六，项目有明确的商业目标和产品定位，必须在既定的周期内依据设定的“技术标准”规范完成，达到满意的质量，并且控制好成本。

按照美国项目管理协会（PMI)的定义：项目为创造独特的产品、服务或成果而设立。例如，下面的这些行动都可以称为一个项目：

1. 开发一项新产品，比如手机APP软件或智能空气净化器。
2. 策划一个大型会议，像商务论坛等，这是短期项目。
3. 筹备一次“自驾游”。当然，自驾游是赚不到钱的，这是生活项目。
4. 成立一个咨询公司，为大企业提供培训服务。

在过去的传统时代，我们看到有很多创意发展成为垄断一个行业的生意。例如微软的视窗操作系统，它在20世纪60年代时还不被看好，在80年代却代表了电脑应用的未来。互联网搜索引擎有一段时间也无人问津，现在却已被几大巨头瓜分了全球市场。京东商城的创始人刘强东在2006年时还曾借钱为员工发薪水，10年后，京东已成为中国最大的电子商务平台之一。

如何才能发现未来的项目？那些能开发潜在市场的好项目有哪些基本元素呢？人们总关心这样的问题——我们了解这些书本的知识，却不知道哪些元素能指明方向。因此，80%的投资人都在错失好项目，20%的投资人都把精力花在了一般的项目上，仅有不到0. 1%的投资人和项目策划人抓住了上帝掷出的那个“幸运骰子”。

范德尼有一次对我说：“和20年前不同的是，今天已经不是一个新时代的开端（他是指互联网行业的萌芽期成就了一大批网络巨头），所有可见的资源和市场均被先行者占领了，后来者多数只能在他们的阴影下艰难前行，在夹缝中求得生存。未来还有没有突破性的生意？这样的生意具备哪些特点？没有人为此设计标准，但可以肯定的是，将来的一切生意都是和互联网挂钩的。网络技术深刻地改变了所有的行业，行业跨界的互联网整合已接近完成。假如会有一个新的‘谷歌’，它的诞生也一定是通过这种方式。”

定义“有效的项目”

和过去相比，互联网时代的“有效项目”具备哪些特点？这个问题至关重要。有人感到奇怪：为什么投资赚钱还有这说法？一个项目有市场就行了，还要考虑别的因素吗？至少那位开过酒吧、投资过小成本电影和手机APP软件的张先生就很疑惑。

“做生意怎么赚钱，我认为只要完成了几个既定目标，满足了项目的三要素：时间进度、成本控制和质量要求，就应该是成功的。另外，暂时没赚钱也不可怕，有时候项目的成果被消费者接受了，也可以认为是有效的。例如，我正在做的那款APP软件，初期成本投入高是IT行业的定律，产品研发的进度不可预判，有时会突破原定的时间，加之高昂的成本支出，项目没有取得既定的收益。但我们获得了技术储备，有了消费者的认可。我认为它是成功的，是对未来的投资。”

张先生的看法正是人们普遍的观点，然而这个理念却在现实的操作中频频碰壁。站在项目管理人的角度，取得一定的市场效应就意味着部分成功。但对投资人来说，没有持续性发展的项目就是失败的。特别是在互联网经济的环境中，信息共享，机遇共享，缺乏持续性就说明你没有在市场扎根，等于给别人当了一回实验品。所以，一个有效的项目，它必须是连续性的，可持久获利并且一次性成功。中途铩羽而归，就等于退出市场，宣告失败。互联网时代，不会给你太多反思和蛰伏的机会。

项目的成败受到四个方面的影响，即项目团队内部的竞争环境、管理生态、客户环境和外部的社会环境。从可控的角度看，有效项目需要着重考虑传统的“项目三要素”，但从未来的角度看，项目的成功与否，取决于更复杂的因素，包括环境、团队、计划、管理和市场等多个方面。而且，任何因素都脱离不开当前网络经济的大背景。

第一个条件：良好的运行环境

政策环境——国家政策是否支持。

在项目计划的初期，应该优先分析产品的政策环境和未来的政策变化。毫无疑问，国家重点扶持的行业已经“人满为患”，冷门行业少人问津，大众行业则存在许多打擦边球的行为。项目不能只考虑眼前的利益，还要看看它能存活多长时间。费城投资人“匿名社交APP”的项目虽然并不违反美国法律，却也因为较高的政策风险而搁浅。

机构环境——优秀的项目运营方。

同一个项目交给不同的机构操作，结果往往有天壤之别。我们看到过许多这样的产品，在A公司的手中半死不活，长年亏损，被B公司并购后却焕发生机，异军突起，上演了一出回马枪的好戏。这表明，好的运营机构对项目的成功至关重要，他们有实力攻克难关，挖掘项目的优点和卖点。

资金环境——雄厚的财力支持。

没有资金的支持，项目就搞不下去。多数情况下，项目组织就是一个经济实体，其次才是一个创意体。我见过太多的人手里挥着商业计划书，大谈他们的商业理想，但是钱从哪里来呢？他们没有想过。有的公司在准备对一个投资目标立项时，却对需要多少资金储备缺乏概念——他们能想到两三年，却对未来的五到十年的持续投入缺乏认知。在项目的运行条件中，资金环境是非常重要的。有句话说得好：互联网经济，拼的就是财力，是一场金融大鳄的游戏。那么，在这个时代背景下的项目管理，离开钱便是寸步难行。

第二个条件：强大的人才团队

人才是任何一个项目成功的保障。一个合格的人才团队，必须由具备必要的技能、高度的责任心和坚韧的意志力的人共同组成。例如，你需要一个卓越的称职的项目经理。他是项目的灵魂人物，主管统筹项目的发起、运营和执行。作为项目的主管人物，他的素质应该是全面的，既有强大的业务能力，又要有足够的人格魅力、领导能力、客户意识，还要在团队的文化建设上有独到的见解。在项目灵魂人物的主导下，组建一支成熟善战的团队。在这个团队中，每个人都有很强的解决问题的能力，还应该有互相尊重和团结和睦的团队文化，有良好的分工协作，有遵守制度的服从意识，有多层次交流的沟通氛围等。最后，针对不同类型的人才设置的内部激励体系是否完善？能否吸引到更多的优秀人才？这决定了一个项目是否可以“高效成长”。

第三个条件：成熟的商业计划

项目的发起阶段，需要一份计划来证明它是有效的，否则，你怎么判断它是赚钱还是赔钱的生意呢？“凡事预则立，不预则废。”这句话讲的就是项目策划和商业计划的重要性。一份成熟的商业计划，也关乎项目能否获得足够的资金支持。多数投资人在选择一个项目时，第一印象都是从商业计划书中得来的。因此，它的可行性计划和执行计划非常重要。但在现实中，创业者和项目发起者最容易忽视的就是“计划部分”。他们满怀激情匆匆地投入到一个项目的执行中，没有做详细的筹划，就为后面的挫折甚至失败埋下了伏笔。

和项目有关的商业计划不是几张纸便可以打发的，它应该包括项目的内容、时间进度、预算、需要的各方面支持性条件以及项目的风险预测等。特别需要强调的是，一个有效项目的计划不是静态的，而是动态的过程。要对计划随时进行修订和更新，否则，它就无法表述项目的最新动态和市场的最新形势。尤其对于不确定性的因素，计划书要明确地表达和概括。项目计划可以赶不上变化，但一定要“跟得上变化”，并把变化体现为量化的数据，用数据来说明项目的有效性。

第四个条件：强有力的过程管理

每当有人问我一个项目的可行性时，我总会提到一个条件：“对这个项目，你能不能做到可靠的过程管理？”如果答案是肯定的，那么，它的可行性就有保证；如果答案是不能，那么，你怎么保证项目的进度始终在自己的掌控之中呢？一项无法掌控的事务，必然意味着无法预料的风险。换个方面讲，过程管理也体现为项目的透明度，使管理者可以关心、了解每一个环节的进展，监督完成质量、资本输入和输出等关键要素，控制项目的运作过程。

如果一个项目没有办法对过程进行管理，其直接结果就是项目缺乏控制。这种状况会带来巨大的风险，一旦项目的运行存在偏差，只能在收尾的时候被发现，那时可能就悔之晚矣，失去了挽回局面的机会。

第五个条件：正确的市场判断

在免费和付费共存的时代，市场变得更加多元化，判断一个项目商业前景的难度增加了许多。这对投资人和管理者提出了更高的要求——你要对市场具备更深邃的洞察力，做出实事求是的决策。在为橡树资本（Oaktree Capital Management）澳洲分部的项目团队评估、分析新兴市场的未来趋势时，我提到了一个词汇：**时效性**（timelimited）。相比传统市场，新兴市场的时效性总是比较短暂，今天能赚钱的东西可能一夜间就变成了街头废纸。有些项目的介入时间较短，因为它的市场总是瞬息万变的。市场的成长很快，许多商机稍纵即逝。在考察项目有效性时，它的“时效性”就是一个非常重要的标准。对投资者而言，能否看清未来一段时间内市场的走势，便成了一种十分宝贵的能力。

综上所述，一个有效的项目是不能脱离实际的，既要有良好的资本条件、管理条件，还要有前景看好的市场条件和过硬的运营团队。在运作的过程中，管理者时刻要记住的是，不能头脑发热地制订不切实际的目标。此外，还应该注意，并非好的理念就一定适合于自己的项目。网络时代出现了大量的时髦的理念、新颖的方法和流行的投资工具——它们层出不穷，花样繁多，但并不一定就能让你的项目获得成功。这需要我们有准确的定位和清醒的认识。

有了这些基本的条件，我们还要保证项目可以平稳地运作，持续地投入并坚持到有所收益。一个好项目如果投资断断续续、人员变动大、经营波动不止，它也谈不上是有效且能够带来正面效益的。

不赚钱的项目为何总有人投资

查理是我在费城参加一次商业活动时认识的一位投资人。5年前，他继承了父亲的一笔500万美元的遗产，一夜之间成了百万富翁。他的父亲老查理曾经长期担任硅谷一家科技公司的董事，是一位非常成功的人士，但并没有把自己的商业眼光遗传给儿子。查理得到这笔钱后，就开始寻找能够赚大钱的项目。

他的第一笔投资给了费城当地的一位IT工程师波索·鲁克。鲁克发明了一种“梦境显示软件”，只需要设计一款与其相匹配的头盔，载入这款软件，就能把人脑的所思所想和梦境展现在电脑屏幕上。这种软件应用了电信号成像的原理，用来复制和还原大脑的简单图像。看到样品后，查理兴奋极了。他觉得这个神奇的东西一定能引起轰动。

鲁克还有在谷歌工作的经历，这也打动了查理。两个人经过几天的沟通，就确定了合作方式——他们计划去华盛顿成立一家研发公司，批量生产样品，向医疗机构和军队推销。查理做出的判断是：“高科技的人脑显像设备是未来的趋势，将来有无限的可能性。”话虽如此，但他没有对市场进行分析，也没有发现这类产品的市场成长性和需求量都是有限的。从公司成立到生产出第一批样品，查理投入了约50万美元，并且用了整整一年的时间为产品寻求销路。

结果是，没人理他们。一家医院的采购部门主管说：“我们需要的是医疗设备，不需要知道病人做了什么梦。”查理的投资损失惨重，全部资金打了水漂。

尽管亲属希望他谨慎投资，最好先去学习投资理论，或者请专业的投资代理机构帮他打理这笔钱，但他是一个“不听劝”的人。查理说：“我对什么东西可以赚钱有自己的理解，你们不必操心。”他还担心这帮亲戚是否在觊觎父亲的遗产，更加不相信那些人的话。于是，他在后面的几年中总是投资那些“不赚钱的项目”——

在开始运营前，有着赚钱项目的一切特点。只有投入资金启动了项目，才让人意识到这个生意是很难盈利的。这类项目很有欺骗性，若再辅以高新技术和流行概念的包装，就更容易蒙蔽投资者。

后来，查理还投资过《体育画报》（Sports Illustrated）的广告业务（平台代理）。他吸取了前几年的教训，雇佣了一位专业的有多年杂志类广告代理经历、在《华盛顿邮报》工作过的专家克莱西。克莱西看到这位金主，也想借此大干一场。两人一拍即合，又投资100万美元在洛杉矶成立了一家广告公司，专做平台广告业务，第一个重点客户就是《体育画报》。为了拿下这家有千万流量的美国知名周刊的广告代理业务，查理这回下了血本，攻关费用便花掉了十几万美元。然而，他寄予厚望的这个项目得到的仍然是失败收场的结局。《体育画报》的广告发布一般是由模特经纪公司垄断经营的。尽管这是一个诱人的市场，垄断也不是永久的，但至少在查理面前，对手是不可撼动的。

为何许多手握钞票的投资者“有钱花不出去”？

为何他们总是运气不好，选中那些很难赚钱的项目？

为什么大部分人对于项目的定义都有问题？

第一，赚钱的项目总是和风险如影随形

越是赚钱的项目，起初都有一定的风险，这很考验投资者的眼力。人们在选择项目时，总喜欢先看看风险——如果存在诸多的不可预测因素——基于自己的判断力，就会退而求其次，寻求那些看似稳妥的项目。但是，这样的项目恰恰是不赚钱的。

第二，短期收益的诱惑战胜了人的理性

人们对短期诱惑的抵抗力普遍不足，很少考虑到未来两三年后这门生意是否还能赚钱。或者说，多数人很难预测一种产品的长期走势，总是只能看到眼前的“可能收益”，并被这些收益蒙蔽双眼。就像查理一样，他只看到了自己所投资产品的巨大广告效应，却不去分析它们能否真正在市场上立足，持久的盈利如何，最终导致出现误判。

第三，普通人很难发现经过伪装的“假项目”

很多项目非常吸引眼球，但它们并不能赚钱。比如纯粹的公益产品、象征意义的科研产品（梦境软件）等。这一类项目的身上披着层层伪装：

1. 有眼球效应，人们关注度高。
2. 有商业色彩，资金投入度高。
3. 有“应用市场”的假象，未来前景正被广泛探讨。

“假项目”同时具备这三个特点，只要不正式启动，就很难验证它的关注度是否能转化为市场收益，也不清楚它的前景能否变成现实。多明戈在一次讨论中点评说：“市场上有90%的互联网应用产品都是不赚钱的，尽管它们穿着五颜六色的漂亮衣服。这些产品正吸引人们的投资，抓取一些眼球，但是，过不了多久，在应用平台上就再也找不到它们的影子。”

每个人都要遵守“项目基本法”

埃尔德雷奇（Eldredge）是在麦肯锡公司（McKinsey & Company）任职的投资学专家。他曾以印度的软件公司为例阐述了“项目管理”对于项目质量的重要性：“印度的软件公司能够走向国际市场并且占有一定的份额，真正的撒手锏不是他们的研发能力，而是强大的项目管理和对应的质量保证体系。”他进一步列举数据说：“在全世界的软件开发项目中，每年能按计划完成的不足16%，但印度大型软件公司的项目有95%的合同完成率。”

我们定义项目，同时就是在定义和它相关的“项目管理”。这个问题很好理解，你投资了一个工程、一个产品，最重要的就是它必须按计划、保质保量地完成，只有这样才能获得最终收益。如果完成率很低，再好的项目也不具备现实的可操作性，因为你的资金有很大的概率会打水漂。

为什么我们在对企业家进行“项目思维”的培训时，重点提到的一个概念就是“项目基本法”？项目基本法的目的就是为了提高企业家、项目操作人的“项目管理意识”，遵循那些必要的、基本的原则，找到真正合适的项目，再用优质的管理把它完成好。这是基于大量的现实数据提出来的针对企业家和项目主管的要求。

我在国内和很多投资者、企业老总及项目主管会面时，发现他们虽然很早就开始实施项目管理，但这些年下来，计划的平均完成率也没有超过68%。不少企业的项目规模已经发展到了几亿、几十亿元，在项目的管理上依然没有形成独有的、专业的和面向未来的体系。特别是在互联网飞速融合各个领域、不断打破行业壁垒的情况下，大部分项目投资人和管理人对新环境适应得很慢，不仅对新技术的应用慢，对互联网新思维的跟进也非常迟钝。

互联网时代的项目基本法

埃尔德雷奇说：“互联网的特点是开放共享，它天生就是跟行业保护为敌的。”在打破一切行业壁垒的互联互通时代，项目的投资和管理环境发生了天翻地覆的变化，不能再固守僵化的传统思维。

第一原则：必须要有开放的心态。

第二原则：必须不断地学习和接受新生事物。

第三原则：必须勇于实践新的商业思维和管理模式。

第四原则：必须对正确的方向坚持到底，放眼将来。

新时代的项目管理既是知识管理，又是技术管理，也是思维管理。你是否愿意接受互联网的创新模式，创见性地对项目的投资模式、研发和管理结构进行颠覆式的创新？你是否愿意一切面向客户，以消费者为中心？这些都需要我们在组织结构、管理工具的使用等方面做全方位的调整，以适应未来市场的需求。它主要包括：

1. 要建立高度扁平化的组织结构。
2. 要实现互动式的需求挖掘。
3. 要让信息高度共享。
4. 要做到资源的动态调配。
5. 要建立零距离的沟通。
6. 要实现零时差的管理。
7. 要搭建网上办公平台。

通过这7种方式，结合互联网工具，为项目的实施提供强大的支持，保证项目团队能对市场做出即时反应，快速响应消费者的需求。

项目管理的本质是“解决问题”

对投资者和项目管理者来说，最大的问题是“如何解决问题”——项目管理为了问题而生，贯彻项目基本法，就是为了减少问题、杜绝问题，提升项目的竞争力和计划完成率。有些人做一个项目只想着赚钱这种形而上学的目的，并不努力研究如何化解计划执行中的重重阻碍。这个世界上没有一劳永逸的项目，不是说你钱到位了，方向正确了，市场就向你敞开她温暖的怀抱，欢迎你。在挖到金矿前，她还会设置许多考验。项目管理，就是一个闯关游戏。

第一，在项目定义中的问题

我们做一个项目之前，就会和客户之间有很强的互动。随着信息技术的日新月异，互联网把市场无限细分，客户的需求也日益呈现出多样性、不确定性和个性化的特点。可以概括为一句话：客户的要求很高，并且非常善变。在对项目进行定义时，就要及时地与客户充分地沟通，对项目的目的、要求、不同细节的区别和隐性的需求进行充分的挖掘，或者对市场进行深度的研究，才能真正地贴近客户的需求，迎合市场的需要，防止我们的项目在一开始就走错了方向。

第二，在项目的组织和实施中的问题

在项目的组织和实施过程中，往往会遇到各式各样的问题。例如，各种方案的博弈，团队内部的利益冲突，不同部门的职能冲突，人员协作的磨合问题，资金的分配问题，员工的个性化与团队文化的冲突等。这些问题永远存在，不管你做什么项目，它们都伴随着整个过程。因此，你必须考虑周全，并

且制定备用方案，防止它们影响项目的实施进度。现实中，有很多项目都倒在了解决这些问题的过程中。

第三，在项目进程管理中的问题

项目的“进程管理”是为了保证各个阶段性目标的完成时间，确保投资人和管理者随时掌控整个进度。一个普遍的问题是“完成时间”难以把握，有许多不确定因素会阻碍一些阶段目标的达成。任何一个环节出现了问题，都可能影响整个进程。如何解决它们？你必须在自己的项目管理体系中提前计划，防微杜渐。只有预料在先，才可有备无患。

第四，在项目总结中的问题

“项目总结”主要分为两部分：一是评价项目，二是评价项目成员。项目的完成是否顺利，效果如何，对收益的评估结果是什么？这是第一步。更重要的是，对于项目的参与者要论功行赏，每一名项目成员都渴望创造价值与实现自我，他们也需要回报。如何做到公正、客观、量化地评价员工的价值？这也是项目管理的一大难点，是常见的问题。

对任何项目来说，只有能够充分地正视这些问题，不逃避一切隐忧，然后致力于彻底地解决它们，我们才有可能从头到尾打造一个优质项目，产生真正的核心竞争力，在市场上获得足够的回报。

第二章

选择未来的项目

◎这是一个正干掉一切中间环节的时代。伙计，如果你没有“全渠道整合”的眼光，你就找不到好项目。但是，一个好项目就意味着零风险吗？一个赚钱的项目就必然“一定赚钱”？事实是，“正确的项目”≠“无风险的项目”。但更为关键的是，对项目的风险进行识别的根本目的是找到机会，在减少和消除可能存在的不利后果的基础上，寻求突破口。风险是任何人都可以看到的，机会却只有少数人能够辨识。

◎如果你像一个门外汉一样投资某个行业，对一切诸如政治、经济、政策、技术、周期等因素置之不理，那你投资的项目一定很短命。所有的项目生命都被逻辑控制，你不了解那些枯燥而生僻的例如增速、壁垒、竞争结构等词汇的含义，就永远搞不懂趋势是从何判断得来。你根本不用担心遭遇竞争，因为早在开始竞争之前，你就已经被拒之门外。因此，不管你想如何安置自己的资金，首先，你得表现得像一个内行。你要充分地了解一个行业究竟是怎么赚钱的。

在“找项目的浪潮”中保持清醒是一种特殊能力

怀尼特·布杰讲过一个发生在他身边的故事。布杰的一位朋友前几年特别喜欢虚拟货币。那时，比特币这样的网络货币概念十分火爆，投资者趋之若鹜，纷纷投入大笔资金，以期大赚一笔。这个人就融资成立了公司来运作该项目，还雇了十几名员工开发相应的市场。“结果他赔掉了上百万美元。”布杰嘲笑说，“在找项目的浪潮中，这些光着屁股的人到处都是。他们有钱但没头脑。或者说，他们不知道什么是好项目，判断力差，容易跟风。”

这是一个投资和创业的黄金时代。新概念、新思路和新产品如同雨后春笋，市场上一片叫卖之声。这些对创业者的诱惑无穷大，但巨大的考验也接踵而来。找错项目的代价是惨重的，如果不能保持清醒，就会误入歧途。

我们身边总有这样的人——别人做什么，他就做什么，以为跟在成功者的背后一定稳赚不赔，结果忙碌几年，只赚了一点辛苦钱。上海一家公司的老总苦笑着对我说：“我这老板当的，还不如自己的下属收入高。”他3年前投资了一个IT项目，是一款汽车软件。当时，正是各类打车软件非常流行的时候，他急忙跟进。但在激烈的市场竞争中，他很难敌过那些有着强大资金支持的大公司，现在只能半死不活。

还有的人缺乏管理、开发项目的能力，不管多么有“潜力”的项目，只要到了他的手中，立刻变成大白菜。我在加州认识一位华裔叶先生，就是很好的例证。叶先生在国内下海创业，到处找项目，开过玻璃厂，做过连锁超市，炒过股票，甚至开发过手机APP，都没获得理想的收益。后来他明白了，自己不是没找对项目，而是不具备驾驭这些项目的能力。

好项目到处都是，就在我们身边，但如何经营好这些项目，让它赚钱，就考验投资者的能力了。最好的方法，就是不要对自己的能力盲目乐观，而是组建专业的团队。但叶先生又不愿意放权。所以十几年下来，他还是一个失败的投资者，现在只能靠一间中餐馆为生。

为什么别人能找到好项目，我却找不到呢？这是绝大多数人的疑问，也是本书要帮你解决的主要问题之一。很多人一直在寻找创业致富之路，每天分析研究各种项目，既十分辛苦又不得其法。他今天看到这个项目有人发了财，明天看到那个项目有人大获成功，唯独自己不能一炮打响。这是因为，他在选择项目时缺乏一些必要的项目思维。

1. 要同时具有对于“高回报”的畏惧意识和“果断投资”的辩证思维

对创业者来说，这可能是一种稀有的品质。我们现在走到大街上随手一抓，就能抓到一堆做着发财致富美梦的“梦想家”。他们最大的梦想就是发财——只要能发大财，他宁可世界发生核大战。所以“高回报”是这些人唯一的要求，只要回报高，他们什么都敢做。恰恰是这种贪婪的思维是失败的导火索。如果没有对“高回报”的畏惧意识，就无法理性地分析项目的本质和风险。一旦被绑上项目的战车，当风险发生时，你连跳车的机会都没有。

还有些人是另一种极端：**他们害怕任何较大的投资，梦想少投钱但又能发大财**。当你和他谈到追加投资、雇佣专业团队时，他立刻就会退后一步，睁大惊恐的眼睛，仿佛在呼喊：“什么？难道之前的10万元还不够吗？你让我把钱交给那些从没见过面的陌生人？别开玩笑了，万一我赔得只剩一条裤衩怎么办？”看！这是大多数想赚钱却不懂项目管理的人的真实想法。

在触碰到“投资”这两个字的时候，他们有一大堆的顾虑要担忧：

这点钱我攒了好几年了，我得留着买房子。

我要结婚，婚礼没有钱怎么办？

我要给孩子存一笔教育经费。

我要照顾父母。

……

总之，他们捂紧自己的钱袋子，却又艳羡别人的钱能够生钱。一方面，没有多少钱拿出来，另一方面，又希望找到回报丰厚的项目，最好是“无本万利”。

这就是投资意识和思维混乱的症结。其实，对于上述情况的创业者，反而没有必要小心翼翼。既然你的钱袋只够温饱，即使看得再紧，一省再省，你还是只有这些钱，资金并没有因为你的保护而有所增加。那么，不如换一个想法，拿出部分积蓄去投资一个可靠的项目，也许几个月或者一年，你投资的钱已经翻了一番。当遇到合适的项目时，虽然资金有限，也要果断投资。

就像史玉柱，大多数人只看到了他成为“巨人”后的光辉，却不去思考他“成为巨人”的方法和果敢的战略头脑。如果你是史玉柱，你愿意从赚到的一万元中拿出9000块去打广告还是赶紧把它存进银行呢?

2. 如果既没有方向，也不了解市场，就不要轻易行动

我认识的很多刚刚开始创业的人是这样的——他们满脑子想着赚钱，而且总是想着安逸地开个小店。比如，去小商品批发市场倒腾一些廉价商品，之后到大市场上去销售。洛杉矶和旧金山两地的华人聚居区有很多这样的人。当我问及“你想要卖哪种商品”“卖给哪些人”和“市场如何”之类问题的时候，他们往往支支吾吾，不知如何作答。

没有做好准备，就急匆匆地加入了创业的大军，到头来耗费了精力，又赚不到多少钱。很多想要小本创业的人都是如此，既没有创业的方向，又不了解市场的情况，但又十分渴求有一个好项目供他大显身手。这样的后果通常是做一次，失败一次，很难站稳脚跟。更何况在互联网的背景下——这是一个讲求“精准创业”的时代，人们“一万年太久，只争朝夕”，没有多少时间可以挥霍。

3. 要对概念的炒作保持警惕：过于迷信营销新模式的结果往往是一败涂地

你可能已经发现，在微商遍地开花的今天，每个人的朋友圈都有一批吹嘘

“新模式”“年入百万”的项目不断地刷屏。似乎一夜之间，那些在公司兢兢业业做小职员的普通人全都摇身一变，成为营销大师的受益者。躲藏在互联网背后的“总代”不辞劳苦地为小代理们讲述赚钱营销的神奇法则，并且将自己艰辛创业的历程精心包装一番，鼓励大家一定要“坚持”下去。这些项目模式花样百出，让你听到的，无一例外地全部是优点，毫无风险。人们听得热血沸腾，感觉自己不赶紧投资就是傻瓜。但事实是什么呢？对广大微商来说，90%的人都是不赚钱的，年入百万也是痴人说梦。

这些新的项目模式到底赚不赚钱、值不值得投资并没有那么大的辨别难度，只要你还具备基本的项目常识，就可以做到。互联网时代下，大多数企业的营销模式大同小异，但都不存在“躺着数钱”这样的说法。有些项目的运营模式绕了很多弯，做了层层包装，就是为了吸引你投资。凡是以炒作营销概念为主的项目——不管是实体还是虚拟产品，都存在着很大的猫腻。

说白了，财富的累积就是把别人手里的钱装进你自己的口袋。那么，你仔细想想，有多少人的钱会流入你的口袋，而你的钱财又最终流入了谁的口袋？当你对一个项目的营销模式和操作流程有所洞察时，就可以清楚地看到：越是大家都在做的项目，就越要保持距离。

4. 你要成为资本的领导者，而不是“商品推销员”

在一些投资思维类的短期培训和咨询工作中，我不止一次地劝诫那些迫切渴望找到投资门路的创业者：“不要异想天开，而要参与到一个成熟和成功的现有模式里去。”对年轻的创业者，利用过去的经验，努力掌控资本而不是精研模式，成功的概率远远大过最前面的探路者。因为这是最保险的，也是能够为你创造成功支点的方法。

一个具备了成熟运作模式的系统会促使你成为优秀的企业家和领导者，而不是把你当作未来商业模式的探路工具，使你作为辛勤的推销员用自己失败的教训把“模式”推广给后面的人。难道你还没有发现吗？即便在虚拟经济大行其道的今天，最优秀的企业家也从来不会真的在意模式创新——他们始终遵循项目基本法，按部就班地建设好自己的商业平台，扩大规模，占据市场，让自己去驾驭资本，而不是被资本操控。

发现“正确的项目”非常重要

那么，“正确的项目”在什么地方？

1. “正确的项目”≠“无风险的项目”

一个好项目就意味着零风险吗？

一个赚钱的项目就必然“一定赚钱”？

是不是可以这样说：一旦找到正确的项目，我们就肯定能够成功？

在这么多年的工作经历中，我从没遇到一个项目主管敢于拍着自己的胸口保证他们管理的项目是万无一失甚至一本万利的。相反，大多数成功的企业家总会第一时间关注风险问题，任何时刻想到的都是“出现问题怎么办”或者“项目突然失败应该如何收场”。任正非说：“华为随时准备过冬。”正是体现了这种高度重视风险的预警心态。

是这些见惯了大风大浪的卓越人物太过保守吗？不是，这是任何一个项目管理者最基本的认知。任何项目都有风险，哪怕它是再好的项目。阿里巴巴今天在国内网络购物平台的支付方式上已近乎形成垄断，但是，马云仍然认为劲敌在旁，猛虎在侧，令他不能安枕。我们可以想象一下，如果你的项目穿上了厚厚的防护盔甲，能够把一切的质量问题、工期问题、预算问题、资源问题、用工问题、执行问题、合同问题、市场问题、政策问题等潜在的麻烦隔离在墙外，那么，它就安全了——但这几乎是不可能的。这些麻烦是任何一个项目的天生问题，从项目诞生那刻起就存在了。

所有的项目在规划之初，对于风险的态度都应该是**“预防+解决”**。你不可能回避或视而不见——这个世界上根本没有“零风险”的项目。项目规划只是一种对未来的预期，是大体的推测，实际运作过程中总会有误差。这些不可测的因素就构成了项目的风险，使得你的投资项目有时候看起来“不那么正确”。所以，不要看到风险，就以为自己选错了项目。

2. 首先要做好项目的风险识别

在做项目时，既然别无选择地要与风险打交道，那我们能做的就是在项目的创建之初就做好**“风险识别”**。简单来说，就是找出那些会威胁到项目顺利运作的风险因素，识别出这些“捣蛋分子”到底有多可怕、有哪些可识别的常见特征、它们会在哪些地方影响到项目目标的实现等等。

在项目风险管理工作中，对于风险的识别并不是一蹴而就的，风险时刻存在，必须要做好持久盯牢的准备。第一种风险是内在的，它往往是我们能顺利地加以控制和消除的风险，比如成本、人员、管理结构的不稳定因素。第二种风险是外在的，它的特点是超出了我们的控制和影响力，例如市场的波动、不可测的政府行为、全球经济大环境的走势等，这些风险具有极强的破坏力。选择一个项目时，要从这两方面同时做出判断。

严格来说，“风险”并没有发生，它仅仅指我们在投资和创业的过程中遭受创伤和损失的可能性。不过，对一个项目而言，风险识别还涉及“机会选择”（积极成本）和“不利因素威胁”（消极结果）——我们有多大的机会能战胜这些风险？最坏的可能性是什么？当你开始识别与分析项目的风险时，你需要提出这些问题，并找出都有哪些潜在的问题。

第一，你要收集足够的信息进行判断

所有可以识别的信息源都可拿来判断项目的风险，包括主观信息和客观信息。就以投资一家餐馆为例：

主观信息：

（1）资金风险——你准备的钱够不够？

（2）人员风险——人才招聘的情况是否满意？

（3）管理风险——能否管好餐馆的员工？

（4）认知风险——对这个行业的认知是否充分？

客观信息：

（1）地理风险——位置的选择决定生死。

（2）市场风险——最近餐饮业的整体情况。

（3）竞争风险——附近的餐馆是否已经饱和？

将这些信息全部罗列出来，统计客观的数据进行专门的分析。必要时，可以邀请相关的专家协助判断，来确认自己选择这个项目和经营管理中将可能遇到的风险，整理汇总出一个风险清单，以供最后的选择。

第二，你要从“风险识别”中看到机会

预测风险可能会引起的后果当然是一个“重中之重”的工作，但更为关键的是，对项目的风险进行识别的根本目的是找到机会，在减少和消除可能存在的不利后果的基础上，寻求突破口。风险是任何人都可以看到的，机会却只有少数人能够辨识。当你能从重重的风险中看到令自己眼前一亮的闪光点时，恭喜你，你找到了正确的项目。

为什么你有钱却找不到好项目

2015年9月份的一天，刚刚从“数码体验店”的失败项目中走出来的夏先生一脸沮丧地闯进了我的办公室。夏先生在洛杉矶做生意有四年的时间了，在当地华人商圈小有名气。他眉头紧蹙，就像打完了一场败仗，抱着厚厚的一叠亏损的账目，放到我的办公桌上。他并不希望我帮他找问题，不过是专程过来向我抱怨：“为什么别人投资一颗棒棒糖都能赚一卡车的钱，而我投资的却像一块被无数人嚼过又吐到地上的口香糖，恶心地粘在鞋底甩都甩不掉？难道我的钱就那么不长眼睛吗？天底下赚钱的买卖到底都去哪儿了？”

听到他的形容，正好在办公室找我商量问题的多明戈哈哈大笑，我也无奈地笑起来。我们并不是听多了这样的失败案例而丢掉了同情心，纯粹是被夏先生的幽默感染。的确，失败很痛苦，也让人生气和困惑。很多投资创业的人都有过这种手足无措的迷茫，自己很有钱，却找不到可以赚钱的好项目。如果连续失败几次，有的人还会丢掉自信。

夏先生前几年投资洛城当地的房地产事业，用高超的投机手段赚了点钱。美国的“两房事件”（房利美和房贷美）发生后，房地产变得不景气，他开始转而投资别的生意。从一个熟悉的行业跳到其他陌生的领域，夏先生顿时连战连挫——他先后投资过环保涂料、手机软件、旅游开发、火锅店，无一例外都是赔钱。

“我投资火锅店的结果简直让人无地自容，忙活了一年除去所有的成本，就只赚了一万美元，还不如去酒店打工刷两个月的盘子。这大概是我近几年最伤心的事儿了。当然，数码体验店更惨，都说未来是体验经济的天下，我想尝尝鲜，可上帝像是跟我有仇的。”夏先生自嘲道，“我还不如让那些钱躺在银行里睡觉！”其实，我之前给过他建议，假如要投资数码体验店，回国才是最好的选择。

这是很多人碰到的问题：“我怎么就找不到好项目？一个好项目的特点是什么呢？”

第一，风险低真的好吗？

不管是做生意还是其他事情，没有人不希望风险低一点甚至是零风险。但这是相对来说的。准确地说，相对于收益而言风险比较低的项目，是人们最欢迎的。不过，越是低风险的项目，前景就越黯淡。例如，货币市场基金的风险近乎等于零，你会拿出一千万去投资吗？聪明人都不会，因为它的收益是非常低的。

第二，收益是唯一的衡量标准吗？

任何投资的目标都是收益。判断一个项目的好坏，我们也会分析它的收益率。能够获得较大利润的项目必然受到欢迎，但利润是一个波动性的动态数据，优质项目的初期收益往往比较低，甚至初期阶段是亏损的。没有长远的眼光和耐心，就会错过这样的好项目。

第三，人们都在追赶的“趋势”你也要跟吗？

我们知道，在投资中“趋势”是一个流行词。大家都在关注趋势，利用趋势。但当所有人都去做一件事时，它还是一件“好事”吗？想想巴菲特那句永不过时的话：“在别人贪婪时恐惧，在别人恐惧时贪婪。”好的投资项目必然具备未来的流行趋势，仅仅具有眼前价值的项目早晚会被淘汰。这是一条真理，但仅限于只有少数人看到它的时候。

第四，资本是最有力的决定因素？

投入资本的多少，可以决定项目的好坏吗？诚然，在项目的经营中，一家拥有雄厚资本的企业更加容易获得成功，即使市场变化也不容易发生危机。但从项目的角度看，未必就是“资本为王”。对先天不良的项目，投入的资金再多，也不可能点石成金。

第五，最新的模式就是最赚钱的吗?

这一点是非常重要的，成熟的运营模式会让我们少走很多弯路。不管跟哪个国家的创业者做交流，我都希望他明白，不要把太多的精力放到那些新颖的商业模式上——如果它还未经过广泛的验证，而你承受风险的能力又低，就别去尝试。“守旧”在很多时候是缺点，但在某些时候它也是一种优点。

第六，如果不能创造成就感，项目还有什么意义?

“成就感”是项目管理人长期的工作动力，是决定你在项目的管理中处于哪种层次的关键元素——有些刚开始创业的人只关注钱，赚钱就可以，但这种功利的心态不可能推动他坚持下去。当你投资了很多的项目并且有了一定的成绩，或者在公司开始担任管理的职位后，你在工作中必然追求自我价值的实现。一个好项目，应该具备这样的特点，帮助我们实现这个人生目标。

人人都在找赚钱的项目，它有什么特点

假如我们从盈利的角度分析项目，它应该具备哪些因素？我们又该如何选择？布杰说：“全世界赚钱的生意有很多，但不一定你做了就能赚钱。在美国能成功的项目，在中国就可能失败。所以要学会分析，有些项目的利润率特别高，但持续性差；有些项目虽然很诱人，但前景难以预测，并且竞争激烈。在做出选择的时候，就必须谨慎和理性，没有人能随便选一个项目就可以

成功。”

“好卖的产品”始终是第一标准

就算你是个不懂投资的人，如果有人告诉你一个项目或者让你投资一个产品，你的第一想法肯定是：这个产品好不好卖？赚钱就是把自己的产品卖出去，然后把成本收回来，从而赚得纯利润。如果一个产品定位不好，没有销路，即使投入再多的精力，耗费再多的时间、金钱来坚持都没用。

未来的市场空间

一件产品投入到市场中，如果只有眼睛能看到的那点市场，你想象不出更多更宽广的市场，那这个项目也是不赚钱的。没有市场就没有做大的可能，做不大又怎么会赚钱呢?

利润率是多少

光有市场是不够的，利润空间是决定市场空间能否最大限度产生价值的最关键的因素。我们在书中会重点强调这个“知识”——市场的大小不是决定项目好坏的根本。有很多项目看着很有市场，但它的毛利很小，到头来可能辛辛苦苦白忙一场，连支付人工费用都不够。

具有可预测的趋势特征

“站在风口上，猪都能吹上天。”要赚钱就一定要时刻关注市场趋势。凡是赚钱的项目，它们在一定的阶段内一定会有可预测的趋势特征。只要时机把握得好，既不用因为进入太早耗费太多的初创成本，也不会因为来晚了而喝别人的剩汤。

稳定收益的持续性

其实大多的“快速项目”赚不了多少钱。由于市场的快速变幻，短平快项目通常只能让第一批发现“新大陆”的人赚得盆满钵满。经过一段时间之后，大多数人刚进入市场，那股风潮就过去了，所以后来者是赚不到钱的。真正好的项目最显著的特点就是能够获得持续的收益。一个好项目也许眼前并不赚钱，但长远利益可观。在这方面，投资者一定要擦亮双眼，不要为了眼前利益而错过这样的项目。

能不能形成平台或系统优势

单打独斗的时代已经过去，创业讲究抱团成长，投资也是如此。如果你要创造一个新的模式出来，恐怕要费尽钱财和力气折腾一番。且不说能不能成功，就算你能坚持下去，到时候可能市场已经日新月异。捷径是，发掘那些成功的模式系统，加入进去，运用你聪明的大脑和创新的理念做得更成功。

品牌的影响力

选择一个有影响力的品牌投资，就像站在巨人的肩膀上，从一开始你就已经站在山腰上，而不是从山脚下做起。不要小看了品牌效应，这就如同在超市挑选一件产品，同样价格的一种东西，一个是品牌效应很好的，一个是新品牌刚上市的，你会选择哪一个？相比大多数人都会选择前者。品牌是一种无形的优势，投资者一定要学会利用这一点。

规范统一和高质量的服务

这就涉及项目培训的问题。投资一个成熟项目之前，一定要关注这个项目的市场规范性。比如一家连锁店，服务员的服务态度和业务水平参差不齐，甚至连统一的着装都没有。假如其中一家连锁店出现服务问题，可能影响的就是整个连锁品牌。

你能找到没人开垦的“处女地”吗

很多年轻的创业者可能都遇到过这种情况——自己通过多方调查看好了一个行业，选准了一个时尚流行的项目，准备投钱入场的时候却发现池塘里已经人满为患。这样的项目怎么会赚钱呢？创业和投资的本质是相同的，最怕的就是扎堆和跟风。在一个饱和的市场里面，最早一批进入的人已经把肉吃光，后面跟入的人要么啃骨头要么喝汤，要么只有干瞪眼。

我们经常说：“天下没有独一份的买卖。”但要想从众多盲目的投资者中脱颖而出，就得有寻找“独一份”的眼光。我不是告诉你们要自己去创造一个行业，而是要有最基本的判断力，从现有的行业中判断出哪一片土地是还未经开垦的——当你能找到这样的“处女地”时，你就离成功不远了。

找到个性化项目

在选择一个创业项目的时候，先不要考虑那些市场、利润、规模、前景之类的问题，要看这个项目有没有特点，就是说它和其他项目有什么区别？有没有自己的个性？是否令人耳目一新？不论投资的是一件产品还是一种服务，新颖、有创意永远都是最大的卖点。投资者如果看准了，就一定要相信自己的眼光，不要害怕做第一个吃螃蟹的人，敢为人先才能收获得更多。

当然了，投资者在掏空口袋投资一块未开垦的“土地”的时候肯定会有这样那样的顾虑，虽然“处女地”的特点诸多：

由于没有同类产品，缺乏比对，发展空间很大。

竞争压力小，同行少，没有那么多人挤独木桥。

市场前景看好，因为是新项目，容易产生市场敏感度。

不过，选择“个性化”的项目固然意味着独到的眼光和勇气，我们也应该注意以下的问题：

第一，加强知识产权保护意识

“个性化”的项目通常伴随一定规模的专利和知识产权，因为有许多环节都需要你进行原创开发。你要注重对知识产权的保护，防止被后来者盗用或冒用，造成不必要的损失。

第二，产品或理念的普及会是一个问题

如果还没有足够的市场基础，我们怎样普及产品，让消费者接受自己推广的理念？在项目的进行中，这个工作就应该同步启动，对市场进行启蒙，或者打造自己的产品社群。

你是专挑“冷门生意”的项目大师吗

张小姐之前在上海一家大型商场做化妆品销售，但因为失恋情绪低落又间接地导致了失业，为此她深陷失败的阴霾里长达一年之久。后来，她在朋友的开导下决定拿出这几年省吃俭用攒下的钱创业。因为能拿出的钱并不多，只能投资小本生意，而且对其他行业她也不甚了解，所以就开了一家不需要那么多专业知识的礼品店。但由于她所销售的礼品和市场上其他礼品店大同小异，生意一直不好，半年下来连房租都不够支付。

后来，她的店里来了一位挺腼腆的男士。他有些害羞地向张小姐讨教应该买什么礼物，怎么能让女孩子喜欢。在交谈中，张小姐得知这位男士已经给一位心仪的女生送了好几年的玫瑰花。但他因为性格害羞内向，从没有正式地说出自己的想法，而女孩也一直默默地接受他的爱意不曾表示过任何明确的回应。

因为这件事，张小姐萌生了一个创意。她找了一个技术型同学合伙开发了一种“表白玫瑰”。这种玫瑰类似录音笔，能够把想说却不敢当面表达的话录下来。这款产品一经推出，很快成了最受情侣们喜欢的礼物。张小姐和合伙人申请了专利。仅靠着这一次创新，她的人生发生了巨大的转变。看似“冷门”的生意让她大获成功。

远离“危险的项目”

现在有些人青睐于那些风险高、收益大的项目，例如股票和基金。还有的人胆子更大，借助金融杠杆投资期货或者房地产，开发那些未经市场验证的科技产品等。这些都属于“危险项目”，甚至是高危项目。当股市暴跌、房地产泡沫破灭时，或者产品上市后不被市场认可，这些投资者和项目操作人立刻便陷入了困境。

在选择项目进行投资时，怎样避开这些危险的禁区？

1. 尽可能做你熟悉的领域

在投资方面，走得弯路越少越好，这点非常重要。进入一个熟悉的领域，你能尽快地展开业务，防止被他人忽悠。有些投资者总把创业投资想得很简单，但往往是一知半解，对于行业内部深层的东西却一点不了解，结果到最后输得一头雾水。对于初创业者来说，如果你没有这一行业的相关经验，那这个行业就是危险的。不要盲目地跟风投资，你所看到的那些赚了钱的人，他们都对某一领域有着深刻的了解。

2. 如果资金有限，就远离高投入的行业

许多小本创业的人，手里的资金不多，而高新产业通常对资金要求很高，前期要投入大批资金。这时投资者一定要谨慎，这些行业长期收益可能很好，但在市场条件不够成熟的情况下，如果没有强大的资金链支持，很容易导致半途而废，从而收不回成本。

3. 有时候你可以做“一人老板”

尽管所有的管理都在宣讲抱团打天下、告别单打独斗，但我仍然要跟小本创业者说——如果你的钱不多，就踏踏实实地做“一人老板”，宁可辛苦点也不要找合伙人。这就像做一个蛋糕，你懂得所有做蛋糕的知识，那你为什么要再去请个人和你一起分食蛋糕呢？多一个合伙人，你的精力就要分一部分出去处理很多事情。除非业务中涉及一大部分你不懂的领域，那你可以寻找一个与你优势互补的合伙人。但小本创业通常都是一人包揽，创业者都很熟悉业务。我的建议是，你可以雇一个员工，但不要合伙。

4. 一旦项目发生危险，如何应对

创业是艰辛的，难就难在坚持。当项目的起步阶段发生“危险”时，就要立即撤退吗？这也不是一个好的选择。创业者一定要耐下心来，因为所有的计划和未来都要落实在行动上，需要不折不扣的执行力来换取最好的回报。如果执行力不到位，三天打鱼两天晒网，遇到点困难就退缩，根本不会成功。没有风险的项目，有时也会产生一些麻烦。每一个浪头都会刷掉一批人，能够坚持前行的，才会有靠岸的那一天。

看趋势而不只是看盈利

这几年，我和多明戈在研究诸多投资者的投资心理时，发现一个有趣的现象：很多投资者（大部分）在选择投资项目的时候，会首先看这个项目能否盈利或者过去盈利了多少，却忽略了项目的未来趋势；而一些精明的投资人却恰好相反，他们率先着眼于项目的未来、前景、趋势，即使项目目前正在赔钱，只要趋势好，他们仍然会抓住机会投资。

我有位在国内投资虚拟产品的朋友原先生。他是一个理财新手，出于对风险的畏惧一向对股票基金等理财活动敬而远之。然而，从2014年开始，他身边的朋友纷纷在“高人”的指点下进入理财市场，大手笔地投入并在恰当的时机卖出，赚得不亦乐乎。原先生也忍不住想小试牛刀。朋友向他推荐了一支基金，告诉他根据这几年的走势以及未来的趋势分析，他觉得现在这支基金的价格已经跌到了历史最低点。这时候抄底，等到年底12月份，差不多就能涨到一个历史高点，能赚到50%左右的收益。当前，这支基金还在小幅度地下跌。原先生犹豫了几天，他决定先拿出5000元人民币试水。要是这一个月能够上涨一些，他就继续吃进。

原先生买进的第二天，这支基金的价格就开始增长，之后每天都在涨。原先生心里很欢喜，心想那位朋友果然靠谱。一个星期后，他又追加了5000块。这次，他想着如果还是能持续增长的话，就等着价格回落的时候大额吃进。

然而，原先生一直没等到价格回落的那一天。他每天看着那条“直线上升”的增长曲线懊悔不已，心理价位已经从最低价位增长了不少。但是，那小幅的回落还是没能达到他的心理预期。最终，原先生的大手笔计划只能在不断的观望和等待中落空。后来，原先生算了一笔账，如果他当初投入十万元的话，不到半个月的时间他已经赚了两万元。然而，他起初才投入了5000块，加上后来追加的5000块，现在才只赚到几百块而已。

过了没多久，在一次饭局上，那位朋友聊起了投资理财的话题。他笑吟吟地问："前一阵我提到的那支基金，你们都买了多少？"原先生心虚地没敢应声，没成想其他人的态度也不太积极。几个人面面相觑，但都又打着幌子说自己没少买。

那个人这时才"哈哈"一笑，说："这是一次测试，我想看看有多少人愿意为了一倍的盈利冒险。我敢打包票，在座的只有不超过两人听了我的话，其他的人都是小打小闹而已。"

众人听到这里，脸上感到一阵阵的燥热。其中一个坦诚地说："真是后悔没听你的，我买的那点份额根本不好意思说，可惜我现在悔得肠子都青了。"

那位投资专家继续说："我这几年做投资，也略微地懂得了一些投资心理。失败是难免的，但问题是你如何看待失败，怎样对待一个产品的成长。不说别人，就拿在座的各位来说，你们如果自己选择一支股票或者基金，肯定会挑着一支涨势迅猛的来买。为什么呢？因为你感觉未来还会涨，趋势好。"众人默默地点头。

"但这恰恰是投资的大忌。就拿我推荐的那支基金来说，你们肯定都等着股价有波动，市场一片看好的时候盼着它回跌，这时候再吃进。但是，过了这个村没这个店，股价总是大幅升小幅跌。基金尤其如此，它是有规律的，也有自己某些固定的趋势。你们的心理价位比之前一步步提高，原来想着回落到1. 2再吃进，后来慢慢地1. 3也能接受。正是这种心理阻挡了股价的下跌。因为每个人的购买意愿都很强烈，这时候股价会一路上涨，就算回落也是小幅度的，无法再回到之前的低点。相反，股价一跌，人心惶惶，大家都等着涨回去的时候迅速卖出，这时候的心理价位也从涨回到1. 8变成了涨回1. 6，心理价位不断妥协，到最后变成了只要能少赔一点就可以卖掉。孰不知，在你等到那个高点之前，已经有很多人在排队等待了，这时候股价只会跌得更厉害。这支基金我研究了很久，虽然当时还在跌，但因为前不久新出了一项与它的投资方向有关的政策，我觉得未来的趋势大好，一定会涨回去。投资高手现在都在躺着数钱，只有傻子还在等着进场。”他调侃道。

这个例子中，我们提到的趋势并不复杂，其实只是涉及了一个眼光和逻辑的问题。这种独到的判断力并非人人具有，否则，像巴菲特那样的“神人”就不再是凤毛麟角。巴菲特对于趋势的判断，也是通过对无数案例的分析，最终才总结出了自己“价值投资”的理念。

在华尔街从事风险投资工作有十二年的知名投资人默克·凯利（MerckKelly）说：“如果你像一个门外汉一样投资某个行业，对一切诸如政治、经济、政策、技术、周期等因素置之不理，那你投资的项目一定很短命。所有的项目生命都被逻辑控制，你不了解那些枯燥而生僻的例如增速、壁垒、竞争结构等词汇的含义，就永远搞不懂趋势是从何判断得来。你根本不用担心遭遇竞争，因为早在开始竞争之前，你就已经被拒之门外。”

这就是我要说的第一点：不管你想如何安置自己的资金，首先，你得表现得像一个内行。

1. 吃透项目的行业逻辑

每一个想要在行业里如鱼得水的投资者都要知道很多，包括一个行业怎么运行，怎么盈利，怎么变化，有哪些因素会影响行情，优惠政策有哪些等等。

柯先生在北京开了一家二手车店，近期因为政策的优惠，准备投资二手车的金融市场。为此他做了大量的准备。首先，他从政府网站和一些门户网站的投资者点评中了解了北京的置换补贴政策。之后，又走访了北京这边的诸多二手车市场了解情况。他还和几个懂行的朋友讨论外地车为什么限迁，这些政策是如何影响本地二手车市场的。最后，他还评估了人人车那样的平台风险等因素。这些看起来琐碎的因素，每一项都关乎投资的成败。只有了解透了这些事情，整理出自己的一条思路和逻辑，才能明白为什么市场会高低变换和时起时落，并且知道这个行业的运营逻辑。

2. 要充分地了解一个行业是怎么赚钱的

很多投资者对我说，他们在面对一个项目的时候经常很迷茫。因为看不懂自己该如何赚钱，从哪个环节赚钱。假如不知道怎么才能赚到钱，项目肯定是无法开展的，因为盈利模式对项目而言至关重要。

柯先生在做二手车之前，也对这个行业充满了未知。他说："我有一辆车，卖给了一个二手车贩，之后这辆车要经过哪些程序、环节才会卖给下一个人？这期间谁赚了钱？利润从卖主出还是买主出？这些我统统不懂。后来遇到一个师傅，跟着做了好几年学徒才渐渐摸透了这个行业，才知道做什么都不简单。"

如同柯先生所说，每个行业都有一条食物链，每个链条和不同的环节都得有人盈利，你只有了解了这些环节如何合作和竞争，才会明白自己的位置该放在哪里。每天都有诸多被各种奇怪的因素打败的投资者。他们中的大多数并没有看透一个行业，仅仅揣着一知半解的知识就匆匆投入了某个看似美好的行业。他们以为自己看到了整个过程，其实他们仅仅看到了开始和结束，而中间导致失败的那些影响条件却全被他们忽略了，直到马失前蹄之时才意识到，自己是不是有欠熟虑。

我在讲课的时候总会提到一个"12345"的逻辑问题。正确的逻辑是1→2→3→4→5，2、3、4代表了逻辑上的推理论据，缺一不可。但很多人的理解却不以为然，以为真正的结论推导过程就是1→5，因为1所以得出了5，完全不认为过程中存在2、3、4。但正是2、3、4导致了5的出现，一旦2、3、4发生变化，得出的结果可能就不是5了。

所以，投资者在进行投资活动的时候一定要耐心，多了解多研究，不要轻易大手笔试水。因为一旦投资失败，需要花费更多的心力和财力才能缓神。

3. 做好经营评估而不是价格评估

当你花费时间认真分析一个行业，想要从中找出表现优秀的企业，就不要怕麻烦。如果你能针对这一行业里的企业做一个优良中差的评估，那么，就已经了解了这个行业。

柯先生说：“我最喜欢的方式是看财务报表，这个比较直观靠谱。当然，这不是唯一的途径，还有其他一些数据图表也透露了企业的运营情况。年初，我和当地的一家中型连锁超市的运营经理吃饭。我问了三个问题：去年新开了几家店面（包括网上超市）？年销售额增长了多少？平均每个店的销售增速是多少？不要小看了这三个问题，数字能回答你很多的疑问。这里面隐藏着很多的信息。只要你认真分析，都可以大致猜测出这个企业的运营状况，这样就可以避免上了那些花言巧语的大当。”

4. 团队价值也是评估的一部分

市场上每天都有新公司、新模式出现，对于这些日新月异的行业，通过上面提到的那些方法可能无法得到我们想要的答案。投资者们“串”不出一条说得通的逻辑，也无法得到可信的数据。我的建议是，如果你看好的项目是一个新兴行业或者创新模式，不妨通过考察团队评估是否值得投资。比如，团队有多少人，都是何种类型的人才，这些人才是否能满足本行业的人才需求，人才的市场缺口大不大，团队文化如何，团队的建设是否存在明显的问题等等。和一个精英团队打交道，在未来的投资中才会具备竞争力。相反，一个整天内讧、利益分配不均衡的团队是不会全心全意卖产品的。

第三章

互联网时代，怎么投资你的项目

◎这个世界上从来不缺乏好点子，但并不是所有的好点子都能成功转化为盈利的项目。有些创意听起来很美好，可对于投资人来说，它们却不值一钱。洛杉矶的天使投资人罗伯特·欧文说：“如果你只想到了一个好主意是肯定不行的。好主意并不等于好项目，也不等于你已经掌握了未来的市场。重要的是，你要能够说服投资者来支持这个项目。没钱也不是问题，能不能让投资人看到前景才是问题。在我看来，100人去创业只有1人能够成功，剩下99个项目本身就不值得投资。”

◎你要成为项目的主人，而不是资本的仆人。360公司的董事长兼CEO周鸿祎曾经在一次社群创业大会上“不点名”地讽刺小米公司，认为小米已经变成了“资本的奴隶”。他说：“有一家做手机的企业，通过不断地创新营销、完善用户体验、优惠实在的价格等等，从几个发烧友一起研究的小工作室变成了一家有实力的科技公司。但自从他们给自己定了一个很高的融资额之后，就给自己背上了一个很重的包袱，成了资本的奴隶。从旅行箱到旅行包，反正他们什么都做，因此，这就给了华为巨大的机会。”

没有钱不是问题，没人肯投钱才是问题

洛杉矶的一位天使投资人罗伯特·欧文（robertowen）说：“如果你只想到了一个好主意是肯定不行的，**好主意并不等于好项目**，也不等于你已经掌握了未来的市场。重要的是，你要能够说服投资者来支持这个项目。没钱也不是问题，能不能让投资人看到前景才是问题。在我看来，100人去创业只有1人能够成功，剩下99个项目本身就不值得投资。”这个世界上从来不缺乏好点子，但并不是所有的好点子都能成功转化为盈利的项目。有些创意听起来很美好，可对于投资人来说，它们却不值一钱。

是投资人眼光差，看不到这些好点子的美妙创意，所以，只能像一个忘吃后悔药的傻瓜一样与滚滚财富擦肩而过吗？如果你是这么看待那些投资人的，那么，今后你很难为自己的项目找到愿意投钱的人。

“那些揣着支票本的人有着猎狗一样的灵敏嗅觉。他们只要抬一抬签字的手指头就知道未来会有多少个零滚进自己的账本，或者有多少个骗子正准备用一个不切实际的空想把钱骗走……比如我。”欧文把今天最后一个被拒绝的愤怒创业者赶出了办公室，对着自己又躲过一劫的支票簿深呼了一口气。

“他们（创业者）都提着漂亮的公文包进来。他们做得一手好文案，把项目的未来吹嘘得天花乱坠，就好像……好像已经有大把的钞票雨从天而降，我差点就投降了。但我理智的大脑说‘不’。那些点子很好，真的很好，但不值得投资，因为不赚钱。这的确很遗憾，但让我感到庆幸。”

欧文曾经在华尔街做过长达七年的风险投资，拥有在摩根大通和高盛公司担任主管的丰富经验。后来，他在洛杉矶和一些人联合创立了一家风投公司。成千上万的创业者拿着几个月前预约到手的号码走进他的办公室，但他们往往

乘兴而来，败兴而归。在这个一线城市的中心地段上，欧文已经成了“冷酷而且眼瞎”的代名词。那些颜面扫地的创业者无一例外地抱怨一件事：

“我的项目这么好，他为什么说得像狗屎一样？”

“我这么投入地为他介绍项目的优点，他为什么快要睡着了？”

我想，这是很多创业者的疑问，自己有项目有团队有资源，准备好了一切去找投资人，但结果跑断了腿却没有一个人愿意拿出一个钢镚儿，到底是谁出了问题？有了项目却缺钱，的确是一个不好的开端，但你拿什么说服投资者相信你呢？

要用产品和数据说服投资者，而不是单纯的计划

通常来讲，越是没有钱的创业者就越疯狂。他们有成熟的计划，有强烈的渴望，但没有起步的资本。他们是梦想家，也是不折不扣的穷光蛋。但是，向别人要钱不是一件容易的事——没有强大的团队和爆发的市场，或者经过验证的产品，投资者不会那么简单地就把上千万乃至几十亿元交到你的手中。可是，手里没有钱，创业者又如何开展项目，建立团队和开发产品呢？

这是一个矛盾，但我有一个办法。我的建议就是，你要用最少的资源做出第一个产品，取得市场测试的数据，记录市场的反应。这比任何计划书都有说服力，因为这是市场的真实效果。市场的反应是成功的，你就可以拿着产品和数据去融资，收到正向循环的效果。我相信，凡是有眼光的投资人，都不会对市场的反应视而不见。

要让投资人比你还着急

这是最完美的状况——投资人比创业者还要急于开展这个项目，他们就会主动来找你，愿意给你更好的价码，投入更多的资金。一般而言，创业者手中有一个项目，越早和投资人接触就越好。但在这种新的情况下，主客易位，也许你便可以等一等，让投资人闻到竞争与厮杀的血腥味，让他们拿出浑身的解

数，展示最大的诚意。他们也需要表现，而你则可以从容地选择最合适的投资人，找到自己的合作伙伴。

理性选择适合自己的投资方式

威尔·罗杰斯（WillRogers）说：“在告诉我有关**本金回收**的情况之前，别跟我谈**本金收益**的情况。”这决定了在摆平风险之前，任何收益都是“不那么可信”的。我们需要先充分地看清风险，评估自己的承受能力，再选择一个最适合自己的方式运营项目。

投资确实是一种“实践性”很强的技能，但遗憾的是，大部分投资者都是蒙上眼睛的。他们通过上网点击一下网页，浏览几篇投资大师的成功经验，做几张看似专业的数据分析，就自以为掌握了一切规律的真相，可以万无一失地把所有收益囊入怀中。可事实上呢？他们只看到了赚钱的那一部分，但真相却写在背面——赔钱的时候你没有看见。正是因为如此，世界上才多了那么多因为投资失败而不敢活下去的脆弱之人。

1. 你在“蒙着眼睛”往里扔钱吗

2014年，我遇到过一位投资者。他在国内做虚拟产品的投资——类似于开发APP的虚拟应用和在线购物软件的销售。在国内，有很多这一类的产品，市场已经饱和了，竞争者多，品样繁多。除非能够拿出更便捷、更有传播性的产品，否则，很难获得足够的市场。但是，这位投资者迷信地认为自己的项目是一定能赚大钱的，有光明的前途。在不到3个月的时间内，他投入了700万元人民币，成立了公司，组建了专业团队，设立了项目的盈利计划。第一次遇到他时，他春风得意，斗志旺盛。等2015年夏天我再遇到他，和他交流项目的情况时，他已经准备转行了。对他来说，这次投资失败是一场烧钱的噩梦。

当人失去理智的时候，投机和侥幸就会占据上风，这时就离失败不远了。无论你的资金实力如何，有多少融资渠道，都不要对项目不计成本地投入。理性的投资方式才可以成就成功的项目，真正出色的运营从来都不是靠钱砸出来的。

2. 遇到正确的项目，要坚持长期投资

纽约一位投资研究顾问华生（Watson）曾经对全世界的大众投资者“基金投资的回报”做过一次长期的研究。他得出的结论是：在牛市中，标普500指数的年均上涨可以达到16%，基金的平均回报也能上涨到年均13. 8%左右。奇怪的是，大众投资者获得的年回报率仅不足7%。华生还对比了中国、韩国及欧洲的情况，都无一例外地遵循了这个规律——大众投资者不论选择了什么样的投资项目，最终的回报都远不及市场预期。

之所以出现这种现象，是由于大众投资者的一个共同点：**人们总是不能对一个目标长期坚持下去**。例如，投资者会在错误的时机在不同的基金或者基金和现金之间转换。有35%的人在市场小幅度上涨时便套现走人，另有12%的人则会选择其他上涨速度更快的基金。抛开基金和股票市场，在其他领域投资的人群也有这种特点。大多数人把项目视为短期获利的工具，急进急出，这本身就是“非理性”的。

选错“合伙人”，比选错项目的后果还严重

新东方和“真格天使投资基金”的创始人徐小平在一次主题演讲中说：“创业的第一件事是要找合伙人，联合创始人比你的商业方向更加重要。”小

项目可以孤军奋战，但当小项目成长为大项目时，一定要找合伙人。这一点我是非常认同的。在我接触过的众多创业者中，似乎每个人都对“合伙人”这一角色有着深刻的体会，但这种体会都以负面经验居多。他们不是找不到合伙人，就是选错了合伙的对象。

宋先生现在北京中关村做了一家科技公司，专门做手机APP研发。公司的运营不错，有两个合伙人和五六个技术很过硬的员工。宋先生的口碑不错，在合伙人和员工眼中都是一个很乐于分享的人。“他很仗义，做他的合伙人可以分得很多红利。当然，这只是我们几年不离不弃的一个因素。他的人品很好。起初公司最困难的时候就连几个员工都比他拿的钱多，但他坚持这是大家应得的。我们都信任他。”其中一位合伙人王先生说。

说起找合伙人，宋先生自己也有一肚子话要说。原来，在他创建自己的公司之前，曾当牛做马地做了别人好几年的委屈“出钱对象”。

2008年的时候，宋先生从之前供职的一家电子产品公司辞了职。因为之前积攒下很多人脉和渠道资源，宋先生下定决心自己干。而这时候，恰巧朋友告诉他自己想做个互联网公司，需要供货商。宋先生之前就是做下游的，供应链的项目正好是他拿手的。两个人一拍即合，公司很快起步。

按理说，作为联合创始人，在股份分成上应该是每人50%的股份，或者40%和60%的股份，最差也应该是80%和20%。只要宋先生稍微地退几步，拿到20%是最起码的，但事实上，宋先生只拿到了1%。

“不瞒你说，那家公司破产的时候我心里无比高兴。虽然这么说有点缺德，但你见过拿1个点的合伙人吗？我是一个干苦力的伙计！还不如打工的拿得多。那几年我也很委屈，但出于朋友间的交情一直没有说出口。吃一堑长一智吧！选错了合伙人就是这种后果，甚至比这还严重。所以，当我自己成立了公司，我时刻告诫自己，一定要选择好的合伙人。”宋先生说。

作为一个项目管理者，你不可能样样精通。因此，寻找合适的合作者就变得十分重要——这件事甚至决定项目的生死。你的合伙人要么有技术，懂业务，要么就是管理大师，必须能够与你形成互补。更重要的是，你们之间的权益分配工作要做好，不能出现“一人做牛做马，另一人坐享其成”的局面。这是一个严肃的问题。

琳达在2005年和另外两个合伙人一起做了一家公司，主要业务是做市场营销这一块。这两个合伙人曾是琳达的同事。琳达作为主要发起人向两个人发出邀约，他们纷纷从公司辞职加入琳达的创业大营。合伙人之一康康负责做创意，另一个合伙人凯莉负责项目管理，销售由琳达负责，当然，还有其他很多运营的工作。

问题首先出在凯莉。作为项目主管，她并没有丰富的经验，所以，问题和漏洞不断。整个项目的运作过程中，琳达就像一个修房顶漏水的工人，不断地为凯莉的问题擦屁股。而更大的麻烦是决策的过程，这是一个漫长而磨人的工程。因为三人的权利均等，谁也没有绝对的话语权，一件小事也要反复讨论才能最终决定，不但耽误了时间，也令人越来越垂头丧气。琳达不得不挪出休息的时间来处理企业的事务，并且把家里变成了第二个办公室。她的工作时间是另外两个合伙人的三倍，几乎所有的业务都是她自己在做。其他两个合伙人似乎成了制造麻烦的阻碍，她最后不得不请了一个专业的顾问才解决了这场大麻烦。

咨询顾问在调查清楚情况后，马上建议她重新寻找合伙人。琳达思前想后，觉得自己不得不做这个决定。然而，那两位合伙人似乎早就做好了辞职的准备。他们不但要走，还要拿走所有的利润。这让琳达愤怒不已。幸运的是，他们在一开始就签署了相关的“分手协议”，琳达只是损失了一小部分的钱财，另外，还失去了两位相交5年的朋友。

综上所述，什么样的合伙人适合与你共同创业呢？

1. 人品要好

这是排在第一位的，是能够与你共事到最后的基础。一旦你发现对方的人品不好，信任可能就此崩塌。对于刚开始创业的人来说，没有那么多正规的制度和条例去约束一个人的所有行为，走到一起靠的就是缘分、激情和拼劲儿。

如果每时每刻都要想办法盯着、防着对方，这种合作就失去了意义。

2. 优势互补

合伙人的定义，说白了就是找到那些能够帮助你的人。这就决定了合伙人的属性必须是能和你优势互补的，无论从性格、技能还是专业上，这也是为以后长远合作打下良好的基础。如果你找到的合伙人和你擅长的领域一样，不懂的东西也一样，这样的合伙人等于是复制了一个差不多的你，很容易在工作中产生冲突。所谓尺有所短寸有所长，选择一个能弥补你自身不足的合伙人会使你如虎添翼。

3. 擅长沟通

其实，很多执行力的问题都源于沟通的障碍。尤其在一个团队当中，沟通不好的话很容易导致项目失败。沟通就是从源头上杜绝误会的产生，多用清晰准确的语言表达自己的想法和意见，少让别人理解和体会。这样不但节省了时间精力，更让人觉得你是个很有执行力和决断力的人。不要害怕与你的合伙人争吵，吵架有时候是好事，大家都把想法说出来，总比事后互相抱怨好。

4. 有担当精神

创业不可能一帆风顺，犯错误很正常，但承担错误却需要一定的勇气。尤其是犯了影响整个团队的大错误时，更是需要拿出能够承担一切的魄力。赚钱的时候大家和和睦睦，当赔钱的时候呢？我不止见过一个两个创业者抱怨合伙人不负责任，犯了错误却把责任全部推掉，只想干干净净地分钱走人。其实半途中合伙人退出的现象并不稀奇，只要能够像合伙前说好的那样分清就行。但最怕的就是那种既不想负责又理直气壮的，这种人在利益取舍面前可能一下子就会变成“小人”。合伙创业就像结婚过日子，每个人都要履行自己的那部分责任，能够辛辛苦苦地坚持下去，靠的就是一份强大的责任心和“我对你无比信任”的气度。

你拿什么说服投资人

无锡的苏先生经营着一家做高级纳米环保材料的公司。这是一个很有前途的项目，是中国的朝阳产业。但在起初寻找投资人的时候，他几乎四处碰壁。他说：“投资人会找到一万个理由回绝你，有的委婉，大部分很直接。如果你没有做足够的准备，最好还是提前告知自己，坚强点，稳定自己的情绪。”

其实不仅是创业公司，即使是一些初具规模的成长型企业，在筹资的时候也会遭遇艰难而漫长的等待。投资人专注于找到那些令人眼前一亮的有发展前景的项目和团队。除非你真的令人信服，让对方感觉自己正在面对一桩好生意，否则，就只有碰一鼻子灰。

“但有一点又很矛盾，如果你提出一个很出色的方案，对方可能眨一下眼睛，三分钟就决定投资了。”苏先生又说，“你得想办法打动他们。”

1. 你要有一份说服力很强的商业方案

听起来这像是在骗投资者口袋里的钢镚儿，这也决定了推销案的办法确实有点冒险，就像孤注一掷，投资者感兴趣的话你就赢了。但想赢得投资者的芳心简直比讨姑娘的欢喜更难，如果你关注过英国一档叫做“龙潭”的栏目就会完全同意我的观点。

丹尼斯就是参与过这档栏目的一个企业家。当他带着自己的新项目站在一排投资人的面前时，心跳得几乎要从喉咙里蹦出来。

“他们简直像是老虎，充满蔑视地盯着你，就像在期待否定下一个如出一辙的笑话。演讲只有10分钟。当然，如果他们有耐心的话，你可以巴拉巴拉地说到20分钟，这完全看你的表现。不过我搞砸了，一位风险投资者对我的项目进行提问，我几乎不知该如何替自己辩护，因为我确实没有做过那方面的准备。”

如果你寻求资金的对象是天使投资人或个人投资者，推销方案就显得尤为重要。他们不像风险投资，提供的资金支持通常要小很多，所以也更为谨慎。加拿大有份调查显示出，其中有四分之三的推销案的命运在提出来的那一刻就结束了，天使投资人根本不会认真考虑。看起来似乎很草率，这其实与人的判断能力有关。一份调查显示，人们能够在1秒内划分人与人的类群，半小时就会判定一个人的性格，并且，这种印象不会轻易改变，而是永久地存在。它能左右投资人的判断力，不管你的创意本身多有价值，只要对你的初始印象判定失败，一切努力都会被掩盖。

要拿到投资，推销案并非代表了全部，这仅仅是成功路上的一小部分。“你必须经过很多努力，做了很多事情，最终才促成了一个好的结果。”资深创业家理查德说。

2. 投资人更希望看到的是你的意志力

“很多商业计划让人昏昏欲睡，并非提案本身不好，而是企业家的说服力出现了问题。”天使投资人加蒂斯说，“如果你不能让投资人看到机会，就无法让他们对这一推销案兴奋，他们便会对你产生怀疑。因为他们要寻找的是那些充满信念和激情的企业家。特别是项目主管人的意志力，这起码能在一定程度上保证将来出现困难的时候，他们的投资对象不会轻易放弃。”

值得注意的是，激情演讲并不代表可以言过其实，如果没有展现出真诚，同样会让人感觉到吹嘘。“千万不要忘了重点，我见过很多创业者说得太过投入而忘了提供商业信息，到头来大家聊得很开心，但谁都没有提正事儿。”加蒂斯说。

3. 要简洁不要复杂

当你试图吸引一个人的时候，如何能快速抓住对方的胃口？展示重点，你最拿手的那部分。你在提出一个方案的时候，为了快速引起投资者注意而不被淘汰掉，就要提供最简短有效的信息，一下子抓住投资者的眼球。语言要准确、精炼、思路清晰，要把**“关键信息”**在第一时间抛出去。

“很简单，你在推销方案的时候，要让投资者清楚地了解项目如何获利。这是他们最感兴趣的部分。只要抓住这一点，并恰当地展示这个商机，他们总会被你吸引。”一位没有透露姓名的资深企业管理者同时也是天使投资人说道。虽然无数的投资人都在公开场所表示自己并不怎么看重盈利，而是关注产品本身，可实际上，对利润的追求是写进人的潜意识的。它不以人的意志为转移，总是在他们做出最终决定时起到非常关键的作用。

“如果你需要展示演示文稿，文稿的字体一定要大于28号，展示时间15分钟以内，文稿不超过10页。如果超过这个量，你就失败了。过多的页数和过小的字体都充分说明你还不清楚自己想要干什么。任何一个观点都可以用5分钟说到位，面面俱到应该留到合同之中。”企业天使投资人霍布斯说。

4. 你要学会“卖故事”，而不是“卖项目”

在寻找投资人的时候，你应该把自己当成一件产品包装，讲述一个好的故事，并且推销出去。长期从事欧洲科技创投的里弗教授（Rivar）说，他研究过成千上万份糟糕的推销案。这些失败的推销方式带来的影响会波及企业家自身的形象。天使投资人会轻易地下定结论：他不能说服我，当然，也就无法说服客户，无法占领市场。

向投资人卖项目和向顾客卖产品并没有什么区别，其目的都是让对方掏钱。如果企业家或者推销团队中没有一个人能把故事讲得动听，这不得不让人怀疑这个团队的实力。所以，你需要找到一个会推销故事的人，把其打造成明星。“这样的人并不难找，回去查看一下你的关系网，通讯录里也总会有一个介绍人。”里弗教授说。

5. 让投资人看到市场在哪里

有些企业家带着崭新的产品向投资人推销，说得天花乱坠，但投资者却感觉不到任何卖点。

“一个新产品的问世，是为了弥补市场中存在的某些空白和解决某些问题，是顾客需要，但是市场不能满足的，这样的产品能卖出去。但我常会遇到一些‘为了创新而创新’的东西。我看不到市场在哪里，首先我自己就不会买。”风险投资者路易斯说。

“还有一些产品会试图一次解决多个问题。在这样的情况下，市场就被杂糅在一起，很难遇到大的机遇。我的建议是，如果你的产品用途多样，要学会细分市场，专攻能让你与众不同的那一部分，这样才会胜出。”另一位天使投资人斯特劳恩说。

6. 自信和坦诚的态度永远是不可或缺的

企业家在讲解提案的过程中，肯定会遇到投资者的提问。这时，你要做出聪明的回答，这是关系提案能否成功的十分关键的一步。当然，这期间总是不乏咄咄逼人的投资人，他会对你提出各种苛刻的问题。不管手握支票簿的人如何刁难，你都必须要保持谦逊的态度，展示你的坦诚，始终用平静的对话方式做出解答。一旦你做出反击的姿态，很容易让投资人觉得你不够自信。

“如果你恰好要讲出一些与投资人期待背道而驰的观点，那你必须要提供强有力的论据来支持自己的观点。你要展示出这个领域专家的姿态，这是投资人所期待的。”投资学教授杜普雷（Dupre）说。

“还有一点很重要，你会被问到很多问题。这些问题不该在被提问时才慌忙应对，而是应该由你的项目团队在这之前就做好专业的预案。这时候，必要的PPT文件就派上了用场。尽量简单地释疑解答，不要试图蒙骗过关。投资人会对项目发起者的可信度进行识别，这将会影响他们对项目的投资决策。”

你会尊重（服从）投资人的意见吗

像多明戈这样喜欢“诸事放手”的投资人是十分罕见的。他不喜欢对公司的业务说三道四，也很少突然要求我们发送某些项目的操作报告。作为高德公司的大股东，多明戈每年只有两次露脸的机会，年终业绩总结及年初的动员大会，他会西装革履地出现在公司的会议室里。除此之外，公司的职员几乎看不到他的身影，也听不见他的声音。

不过，多数投资人都是相反的。他们对公司的业务和项目的方向有自己固执的意见，并希望项目主管认真听取。每当这时就会出现一些问题，对你来说，服从投资人的意见似乎代表着对资本的天然尊重，但违反了项目的本意，并且会让自己感到委屈，甚至，这是一件绝不能接受的事情。有时候，项目主管和投资者会在这种意见的搏斗中两败俱伤。

在定位自己和投资者的关系时，你需要先想清楚这几个方面的问题：

第一，我缺少什么？我需要投资人提供哪方面的支持？

如果你认为自己仅仅缺少钱来启动自己的项目，其他万事俱备，那么，在投资者的眼中，你基本是“不靠谱”的。这时候，投资者反而不放心把那么一大笔钱交给你。你真的只是缺少钱吗？对这一问题需要进行深度思考。想想看，投资者还能在哪些方面提供帮助，除了钱之外，你还缺少什么？

好的投资者可以提供的，还有他的经验和人脉。假如我们需要尊重和服从投资人的意见，也应该是在这些你尚不具备的方面。例如，王建硕在拿到Benchmark的投资之前，并没有为了获得融资就放松对出钱人的审查，而是约谈了Benchmark的九个合伙人，问的都是同一个问题：投资百姓网，你能提供何种帮助？不同的投资人都有他擅长的领域，两者结合起来形成优势互补，才能起到一加一大于二的效果。

第二，确定合作前，我和投资人是否做到了坦诚和互信？

我见过在背后怒斥投资人是“邪恶魔鬼”的企业家，也见过不屑一顾地评价融资人是“垃圾手纸”的投资人。他们走在了一起，在一个项目上共同合作，却各怀鬼胎。这样的关系，结果是可想而知的。所以，当有人请教融资问题时，我会劝他们把目光从“钱”上面转移到“人”上面——双方建立互信，方是形成良好合作的保证。

创业者追求的目标多数时候和投资人是不一样的，前者有更长远的想法，后者可能着眼于短期的回报。不过，两者仍旧有共同的阶段性利益。因此，我对创业者与投资者签署**对赌协议**的做法很不认同。它使双方丧失了最基本的信任关系，将围绕一个项目展开的密切合作关系变成了纯粹的甚至有些对立的金钱关系，后果对双方都是不利的。

第三，在有争议的问题上，投资人是否比我看得更长远？

当投资人在某些问题或决策上坚持他的看法时——他要求你必须服从他的建议，这种情况下多数的项目主管都会陷入一个困境：

不听投资人的，项目可能夭折；听了投资人的，是不是等于我被架空了？

今日资本的徐新投资了京东商城。作为投资人，他也曾经对京东提出自己的想法并要求京东接受。事实上，正是在今日资本的帮助下，京东调整了发展规划，从一个在线的中关村卖场，变成了今天中国最大的综合性电商平台之一。一个好的投资人有时候比创业者看得更远，可以帮助项目主管跳出自身的局限。因为他们有丰富的经验和开阔的视野。

第四，投资人对于项目的未来是否有足够的耐心？

创业者通常是一些理想主义者，例如乔布斯，他的技术理想打造了今天的苹果。乔布斯的伟大之处是总能让公司的股东闭嘴，坐在幕后耐心地等待收获，而不是出来指手画脚。投资人通常都是务实的机会主义者。他们可能不怎么在乎你的理想是什么，但一定特别在意公司在一定的时期内产生的效益。我的这一原则告诉你，即便所有的投资者都有投机的动机，也要和那个投机心理最少的人合作。虽然在有限的时间内打磨创业公司的商业模式，是创业者必须认真面对的问题，可是如果投资人没有耐心，任何商业模式都难以成型。

实际上，一个有眼光的投资者不会扼杀创业者的理想。在权利的博弈中，只要双方本着共同的目的，一切都可以拿来沟通。问题是，你要清醒地看到谁的建议是对项目有利的，并对合作保持耐心。

上市圈钱是你唯一的目标

对公司的创建人而言，上市始终是一个天大的诱惑。它是许多人的唯一选项：我发起一个项目，成立公司，吸引投资，然后，上市圈钱，套利走人。这几乎成了不少投资者从资本市场全身而退的游戏规则。但是，对那些有不同想法的人来说，用什么理由说服自己将注意力放到别的地方呢？

顺丰快递的掌门人王卫多年来始终保持低调。他和华为一样拒绝上市。王卫说："上市的好处无非是圈钱，获得发展企业所需要的资金。顺丰当然也缺钱，但是，顺丰不能为了钱而上市。因为上市后的企业变成了一个赚钱的机器，注意力都放到了股价的波动上，这对企业的经营和管理是不利的。"

王卫最大的期望是企业得到长期的发展，让团队成员、顺丰的全体员工过上有尊严的生活。**他将经营视为"集体营生"，而不是管理者的获利工具**。公司在上市以后，你会发现经营环境将大不相同。你开始要为股民负责，要保证股票不断地上涨，要无限追求企业的利润，从而变得浮躁起来。

前几年，多明戈对我讲过一个故事，主人公是华尔街投资圈的风云人物K·布尔金森。布尔金森喜欢操作那些短平快的项目，投资路线通常是遵循他既定的三步曲：**投资入主——哄抬价值——变现走人**。首先，他在市场上寻找有天赋的项目发起人，帮助对方研究和调整项目，注资成立公司。接着，就是漫无边际的市场炒作。他会发动许多媒体和网络平台密集报道这家公司的一些新情况，集中炒作新的产品概念、生活方式或消费理念，以求获得广泛的关注。他总是能赢，有时可以用30万美元在3个月的时间内获利300万美元。他在最好的时机卖掉公司，从不管项目发起人未来会面临什么样的市场灾难。

1. 你要分析有没有上市的必要

创业公司有没有上市的必要，我们项目经营的目的就是上市吗？你要想一想上市的后果，以及你的团队会因此失去什么。例如，项目和公司的财务基础、未来的盈利能力以及核心团队的构建，这些条件是否成熟？如果尚不成熟，或者没有让公司变得透明化的充分需求，上市圈钱就是一个错误的选择。

2. 你要知道自己“为了什么”而上市

如果是为了圈钱，那么，你大可不必背负沉重的道德包袱，而你也将独自承受上市的一切后果。上市可以提高公司股票的流动性，股东们可以从中获利，这是一种奖励，也是一种目标。当你需要用股票期权挽留核心员工时，说明你的公司已经发展到了这个关键的阶段。那么，不管是为了获取资金的需要，还是提高项目的品牌价值，它都是一个非功利的长期目标，我们可以朝这个方向努力，迈出重要的一步。

3. 你要成为项目的主人，而不是资本的仆人

360公司的董事长兼CEO周鸿祎曾经在一次社群创业大会上“不点名”地讽刺小米公司，认为小米已经变成了**“资本的奴隶”**。他说：“有一家做手机的企业，通过不断地创新营销、完善用户体验、优惠实在的价格等等，从几个

发烧友一起研究的小工作室变成了一家有实力的科技公司。但自从他们给自己定了一个很高的融资额之后，就给自己背上了一个很重的包袱，成为了资本的奴隶。从旅行箱到旅行包，反正他们什么都做，因此，这就给了华为巨大的机会。”

对雷军来说，即便是如此伟大的企业家，当他背上了太多的资本包袱之后，做出的许多决定也会有所变形。如果你的脑子里只有资本，一切都将向钱看。比如，只想上市圈钱，或者只希望多开发产品来占领更大的市场，获得巨额利润，于是什么都做，什么都卖。这时，你就会忘掉自己做这个项目的“初心”，忽略本心和出发时的理想，把公司变成四不像。

第四章

准备一个优质的运营团队

◎有十年以上的项目管理经验的斯蒂夫说："我需要那些渴望安逸的本分员工，对未来过分期待和活跃的大脑不太适合我的团队。我带领的是一支研发团队，除了好想法和好点子，我还需要稳定和团结。对薪资福利、企业文化、公司制度有一定要求的人，首先他对这个公司是认可的。只要你能满足他，他愿意终生为你服务。而有些人看起来确实不错，不要求薪资，有聪明的脑瓜，年轻有活力，这一切都没错，但是几年后，当他们表现出自立门户或者跳槽的意愿时，你会发现自己当初的决定是错误的，除非你想为自己培养越来越多的对手。"

◎创维公司曾经在2000年发生过人事巨变。当年11月2日，在4年内一手将创维的销售业绩从7亿人民币做到43.3亿人民币的原中国区销售总部的总经理陆强华离职——而且带走了创维公司150多名骨干成员，其中包括11名原创维的片区经理，20多名管理层的核心干部和这些人最亲信的得力下属，集体跳槽去了高路华。这并不是创维中高层携部下出走的个案，在企业的历史上至少发生了10起以上。这些人担任过的职位从厂长、销售总经理、集团副总裁，再到执行董事、财务总监，几乎囊括了创维公司的所有重要岗位——这意味着公司的核心人才全部流失。他们带走的不仅是客户关系，还有一大批刚培养出来的核心人才。人事巨变对创维的后续发展造成了巨大的困难。

一支精英团队是项目赚钱的保证

“下次当我再组建项目团队时，我不会使用今天这帮人中的任何一个。我要把他们在通讯录中全部删除。”这是一个项目经理在完成一项产品推广后的讽刺性的评价。在项目管理中，最难的部分就是管人——也是组建团队。几乎没有任何一个管理者能轻轻松松地和团队打好交道，但无论如何，我们仍要把建立一支精英团队作为项目完成的必备经验。

精英人才是项目成功的关键

建立项目团队，最为关键的一步就是招募人才。项目的建设涉及方方面面，对成员素质的要求也不一而足。这就要求管理者同时寻找具备不同能力的人，把他们组织在一起，然后共同来做一件事情。这一步往往很艰难。许多管理者为此苦恼不堪：眼看自己的项目开工在即，为什么招不到合适的人？为什么团队建设这么困难？

通常情况下，打造一支精英团队要从技术和素质两个方面来综合考虑招募人才。从技术方面来讲，你可能需要技术员、设计师、市场经理、财务等必不可少的角色；从素质方面考虑，也要考察成员的执行力、责任心、沟通能力、自控力、野心、个人发展规划等等。只有发挥每个人的优势，取长补短，实现优势互补，一个初具规模的团队才会初步成型。

但是，并非找到了优秀的人才就能顺利地完成项目，如何管理好项目团队也是重中之重。众所周知，越是“全明星”的团队就越难管理。这是由于每个人都有自己不可替代的团队地位和角色，在与其他成员发生冲突时，通常很难做出让步。这时候，就需要一位出色的管理者站出来调停——前提是，管理者早就熟知如何对付他们，并使每个人的利益得到保护，而整体的项目成果丝毫不受损失。

既需要建立团队的骨干，也需要扩展团队的人数

有些项目运作过程很复杂，在分工和时间安排上没办法清晰有序地划定界限，这时就要考虑到划分项目团队。比较常用的模式是把整个团队分为两个层级团队：

第一团队：项目的核心团队。成员少而精，通常不超过10个人。这些人是团队的精兵悍将，手中的职权较大。他们分管项目不同的职能，在团队的组成中比较稳定，不容易流失，是管理型人才。

第二团队：项目的扩展团队。也叫分支团队，他们就像将军手下的士兵——他们为核心团队中的某位成员工作，是具体的执行者，主要负责项目详细的日常工作，并且有自己出众的专业技能，是技术型人才。

对项目管理者来说，如何做好两个团队的分工，实现团队之间的沟通合作呢？

张敏在一家电子科技公司上班，是市场部的一位专员。她主要负责推广公司的新产品。张敏的工作非常不轻松，因为她是核心团队的成员。她不但要做新产品的开发策划，还要负责新产品的发布、推广、定价等一系列的运营管理工作。在这项复杂的工作中，有一个看起来没有什么难度，但需要跨部门合作的任务，就是要为产品配插图说明书。这通常需要不断的沟通和修改。

林峰是设计部的一名扩展性团队的成员，他可以完成张敏的配图任务。首先，张敏需要跟林峰的上司打招呼，协调好林峰的时间和工作，然后与林峰接洽沟通，把任务交代给他。等配图完成后，林峰会把任务交到张敏手里。经过

最终核定后，张敏需要把完成的配图交给核心团队，使它成为其他工作成果的一部分。

在这个案例中，张敏承担了项目管理的部分责任。其他核心团队成员和其他扩展团队成员也会进行与此类似的合作。项目经理作为总负责人，通常不会参与具体的工作，其主要精力需要集中在协调团队成员、管理项目方向、修正倾斜目标、制定发展策略等事务中。

管理者在招募人才建立项目团队的时候，其实可遵循“需求性”的逻辑来进行：

1. 哪些工作需要人做

管理者需要提前梳理好项目总的用工需求，初步判断项目运行中涉及多少方面，建立一种成熟的工作路径，然后根据工作性质和岗位来招聘具体的人才。

2. 哪些工作需要特殊的人做

项目运作中有很多工作具有专业性，需要有特定技能的人来完成。所以在招募时一定要有目的性，那些无法由普通人才替代的工作就一定要找到专业的技术人员来完成。这关系到最终目标是否能够实现，不可随意凑合。

3. 这个项目总计需要多少人做

当以上两点都明确后，你就要为团队成员的数量设定一个数字。这时，你就会清晰自己的固定团队到底需要多少人，有多少人可以兼职。如此一来，团队的人员建设成本就可以大略估计出来了。

招聘是否成功，决定项目的生死

招聘一直是企业和项目管理者非常伤脑筋的事情。尤其对那些初创公司来说，寻找合适的人才是一件非常困难的事情。团队能否搭建成功，项目能否顺利进行下去，都要看招聘的结果。所以招聘是源头，项目管理者要从一开始就保持“挑剔”的态度，严格选拔人才。那些无法令人满意的人不能进入项目团队。一旦引入，他们就是不稳定的因素，是项目中随时可能出错的炸弹。

“我需要那些渴望安逸的本分员工，对未来过分期待和活跃的大脑不太适合我的团队。”当有人质疑斯蒂夫为何会把那些非常有想法的人才拒之门外，而选择一些明显对薪资和福利待遇表现过于虔诚的“傻瓜”时，有10年以上的项目管理经验的斯蒂夫解释到，“我带领的是一支研发团队，除了好想法和好点子，我还需要稳定和团结。对薪资福利、企业文化、公司制度有一定要求的人，首先他对这个公司是认可的。只要你能满足他，他愿意终生为你服务。而有些人看起来确实不错，不要求薪资，有聪明的脑瓜，年轻有活力，这一切都没错，但几年后，当他们表现出自立门户或者跳槽的意愿时，你会发现自己当初的决定是错误的，除非你想为自己培养越来越多的对手。”

对于一些大型研发团队以及对岗位稳定性、保密性要求比较高的企业来说，员工是否表现出忠诚和长久服务于一家公司的愿望确实很重要。但对于正处在创业期的中小企业，对这一点的要求可能不是很高，在招聘时更多的要考虑员工的“实用性”，是否能快速胜任一个岗位、技术素质如何则考虑的更多。

为避免招聘的盲目性，我们可以做一个具有“普适性”的小测试。当然，这个测试可能并不准确，应聘者可能会给出并不出于本意的答案，但这可以帮助管理者初步筛选出一批不需要的人。

他住在哪里？是租住的房子还是家庭固定地址？距离公司需要多久的路程？（根据调查，住址距离工作单位越远的员工越容易离职。）

他的联系人都在哪里工作？

他如何看待本地的生活成本？是否打算去别的城市发展？

他是否有报考公务员的打算？

他是否有更好的Offer？（如果他有更好的选择，你可以根据公司的实际情况来衡量能不能给他提供有竞争力的薪酬和福利。）

他是否有承担压力和风险的心理素质和客观能力，是否有更远大的个人理想？

他对公司的薪水、福利、期权和股票如何看待？

他偏好什么样的企业文化？能否接受因工作进度原因导致的加班？如果之前不喜欢加班，现在能否做出改变？

他的个人规划和项目的需求之间是否比较契合，他是否愿意根据项目的实际需要来调整自己的职业目标？

经过初步的筛选之后，要想招到更适合项目的人才，还应对应聘者的技能素质、专业素质、心理素质、执行素质等一系列条件进行考察评估。

对于不同的岗位，招聘者也要做好不同的人才评估方案，合适的人要放到合适的岗位上，否则，就会造成人才资源的浪费。职位越高，这种浪费就越大。

在一家猎头公司上班的吴先生说："很滑稽的是，我不止一次地看到不止一家公司，一个很有能力的业务型员工每天埋头于打印文件、誊写资料，而一直从事前台文员工作的人却通过面试当上了某部门的市场经理，还有的企业干脆没有人力资源部，招聘的工作推给行政部门，结果可想而知。在互联网时代，这样的企业注定是失败的，因为它招不到高级人才。随着信息透明度的增加，每一家企业在网络和大数据技术的镜子面前都是透明的。你的内部管理水平和人才招聘制度逃不过市场的眼睛，它在每一个时刻都决定着项目的生死。”

其实，招聘活动不仅是对应聘者有要求，对招聘主管的要求更高，即使企业没有人力资源经理，那也应当选择具备较高职业素养的人负责招聘工作。有些招聘者坐到了应聘者的对面就变得傲慢无礼，言行举止缺乏对应聘人员起码的尊重，这样会导致一些本来有着强烈的应聘意愿的人才因为对招聘主管的坏印象而流失。招聘是一个企业和应聘者互相打分的过程，无论作为哪一方，都应表现出自己的职业和专业素养。招聘主管不能因为个人主观意愿随意选择，一切要从企业的利益和岗位需求出发，可以不选最优秀的，但是，一定要选最合适的。

同时，在招聘结束后，我们还要对项目成员进行必要的培训，例如公司愿景、专业技能、心态训练等最基本的课程。很多项目主管经常犯的一个错误就是“不教而诛”——只想招到即插即用的人才，未经培训的员工犯了一点小错误，就立刻施以严厉的惩罚。这种做法对人才的培养是有害的。

赵女士创建自己的服饰品牌已经有5年了。从起初的一人作坊到现在的拥有20位员工的设计团队，她的团队建设之路颇为坎坷。作为一个经历过十多次招聘错误的“过来人”，赵女士毫不吝啬地把自己的经验分享给大家。

第一，不要限定招聘的时间

项目在启动之初，总会对招聘有着很急促的时间要求。每个管理者都希望在第一时间快准狠地挖到一批适用人才，以便我们的项目能够尽快地进入启动程序。虽然很多招聘广告并没有明确标示最后期限，但招聘者其实早就在心里设定好了。一旦招聘不顺利，招聘者会变得没有耐心，别无选择，起初设定的人才标准逐渐缩水，到最后招聘要求越来越模糊，导致一大批差强人意的人进入了团队。看起来招聘任务如期完成了，但未来的隐患也种下了。

如果管理者能多拿出点时间用于招聘，在必要的时候放长线钓大鱼，就能够以自己的耐心为项目招到高质量的人才。原则就是，宁可让职位空缺一段时间，也不要滥竽充数。

第二，建立起严密的“筛子系统”

招聘和过筛子一样，起初用粗筛，逐渐换成细筛，越是最后过滤下来的就越接近你的人才目标。招聘者在发布招聘广告时，就可以把“筛子系统”融入进去。比如：你可以在广告中标明提交岗位申请的格式和说明。如果应聘者未严格按照招聘要求，而是随意地递交了一份简历，那你从这一步就可以判断出对方并不是一个细心的人，或者他的执行力是有问题的。

不要小看了招聘提示的作用，这就好比是一种礼仪，那些不尊重礼仪的人，无论简历写得多么漂亮，总有一天会表现出自己的粗鲁和散漫。对于这一类的人，最好不要将他“放进”自己的团队。

第三，创建快速的检查路径

招聘流程变长总会让招聘者焦虑，那么，我们是否能够创建一种路径来快速地检查自己的招聘成果呢？其实方法很简单，通过“筛子系统”，你已经初步选出了一些可能会符合要求的候选人。这时候，你只需要在某些关键点上做些小测试，就可以精准地选择最适合的那个人。

赵女士在创建设计团队的时候，特别需要一个能24小时待命、电话从不关机、她的任何要求都能快速反应的助理。这个岗位可以说是她团队里最重要的，但也是对应聘者要求最严格的。最后筛选下来的有3个候选人，无一例外的全是女生，形象气质好，有干劲。赵女士通过3位候选人预留下来的信息，分别给她们每人打电话要求立刻进行面试。其中一位候选人并没有立刻接电话，而是在40分钟以后打回来的，而那时候赵女士已经决定聘用另一位女孩。这个女孩也没有立刻接起电话，但在5分钟后打了回来，虽然当时很不方便而且距离赵女士的公司很远，但她仍然在赵女士要求的15分钟之内赶到并顺利地进行了面试。第三个女孩也立刻接起了电话，但她正在给自己的男友过生日，解释了一大通之后，她最终推掉了面试，请求第二天再进行。

“她们的反应速度反映了她们的态度，我需要一个勤快的人，如何接电话就是最直接最明显的表现。”

第四，进行职业素养的测试

从职业素养能够看出一个人是否专业、敬业、职业，由此可以预测应聘者在项目未来发展中能有多大的潜力，可担当多大的责任。赵女士在招聘设计师的时候，除了考察应聘者的作品和创作想法等专业素养外，还会做一些面试者毫无准备的调查。比如：你知道本市有多少快销服装品牌吗？同类店有多少？某某路拐角咖啡店旁边的那个小店门口的花叫什么名字？你觉得哪些人能买得起迪奥？在这个过程中，面试者可以自行发挥，赵女士会根据对方的回答决定是否要这个人。

赵女士分享的招聘经验听起来有些复杂，对于一些微型团队甚至显得有点过于隆重。“但这是很必要的。相信我，整个流程确实显得过于强化，但你会得到一个非常好的队伍。我起初也经历过草草了事的失败，自从坚定地做了改变，我的队伍已经好几年没有人离开了。”赵女士最后强调。

第一，找比你懂的人

在天津，有一家公司的曹经理正处于艰苦的创业期。他抱怨说：“我知道应该寻找优秀的人才，来承担我不擅长的工作。但是，怎样才能找到比我更厉害的人，并且让他愿意过来为我工作呢？现在遇到的问题是，我能找到的基本都不如我，最多是在一些方面和我优势互补；而我认为比我优秀的人才，又瞧不上我这种小公司，对我这边的项目不感兴趣。”

这当然是一个很现实的问题。当一个项目主管，识人和用人是最基本的能力，遇到比自己厉害的人才，当然都想收入囊中。但如何说服他们加入自己的团队？就需要我们拿出更多的本领，展现出自己的诚意。

众所周知，鼎鼎大名的谷歌公司，除了两位创始人拉里·佩奇(LarryPage)和谢尔盖·布林(SergeyBrin)，还有一位神话一样的人物——埃里克·施密特（EricSchmidt）。自从2001年两位创始人从Novell公司把他挖了过来，谷歌由一家单纯出售搜索引擎技术的公司，逐步成长为全球科技行业的领跑者，谷歌的市值一再攀升至1200亿美元，自此开启了硅谷神话时代。

可以说，如果没有埃里克·施密特的加入，今天的谷歌可能并没有那么辉煌。埃里克·施密特为谷歌带来的不仅是强大的搜索技术，更是一种独有的创新精神和盈利模式——他为谷歌建立了更广阔的商业合作，拓展了渠道和人脉，并打通了企业与政府的对话渠道。埃里克·施密特非常了解互联网的格局。在他的带领下，成功地把广告植入了搜索中并让它们和谐相处，迄今为止，这也是谷歌最赚钱的方式。

埃里克·施密特就是那个比拉里和谢尔盖更懂赚钱的人。幸运的是，他们找到了他并请到了他。埃里克·施密特回忆他们第一次见面的场景时说："他们在各个方面的看法，都与我不尽相同。让人搞不清他们的看法，究竟是令人耳目一新的远见，还是单纯天真。"但他们的诚意打动了施密特，让他最终放弃了原来的公司转而投入了谷歌的怀抱。

怎样找到比你厉害又愿意为你工作的人？

1. 你要拥有他最需要的资源

说白了，你要能够提供一些“你有而他没有”的东西，并且是非常关键的资源。比如，资金、行业经营许可、企业平台和社会资源等。你能够提供这些，为他创造一个大展身手的平台。那么，有时候你不用刻意寻找，优秀的人才也能够主动找到你。

2. 你要和他们建立平等合作的关系

要明白的是，再优秀的人也不是“为你工作”——尽管事实上如此，你必须和他建立一种“一起工作”的关系，千万不要在合作中表现出自己凌驾于他之上的想法。如果你总是盛气凌人地试图用权力压制那些卓越的人才，不但他有可能很快离开，团队中的其他人才也可能生出离心。

第二，找愿意沟通的人

杨勇是北京地区一家知名企业的市场部经理，同时，也是这家企业在草创时期就加入进来的元老。从企业的筹办一直到发展壮大，杨勇都参与其中，而他的工作能力也不错，董事长也多次对他表现出赞许。不久前，公司的市场总监因为职位调动而被派去了海外，杨勇成了这个职位的最佳候选人。虽然公司里还有几个实力劲敌，但杨勇觉得，凭着自己的资历和实力，他们都不足为惧。

新的人事任命结果在两周后下达，令所有人没想到的是，这次的市场总监竟然是个空降兵，还是一个老外，说着一口蹩脚的中文，但看起来还算和善。

看到这种结果，杨勇的心里自然是愤愤不平，对这个市场总监更是非常的不认可。他觉得这个老外根本就不了解中国市场，也不懂得中国的企业文化，更不要说实际工作，他对业务的流程和操作更是一概不知。而他之前提出的销售方案，这位总监一个字不差地拍了板，没有任何的修改意见。杨勇不明白，董事长怎么会找了这么个一无是处的“摆设”来做市场总监，自己到底是差在哪里了?

这口气憋得他十分难受。他终于忍不住推开了董事长办公室的门。董事长似乎早知道他会来。他给杨勇倒了杯茶，和颜悦色道："心里有什么委屈就说吧！"

杨勇倒也没遮掩，开门见山道："那个老外什么都不懂，不管我说什么他都只是点头，就偶尔会问几个问题，关于创意和改进他什么想法都没有。而且，他自己也总是在会上说他对业务不太懂，我才是这一领域的权威。他也称赞我的工作很出色，他很佩服。既然如此，那他凭什么还占住这个市场总监的位子呢？"

董事长认真地听完，问："那你觉得他这个人有什么优点吗？"

杨勇想了想，说："他这个人对业务确实不懂，中文说得也不好。不过，他人还算过得去，挺和善，挺愿意沟通。"

董事长点点头，又问："和他比较，你的其他几个同事呢？"

杨勇心中明白，董事长所说的同事就是指那几个当初和他一起竞争市场总监的。董事长看出他有些支支吾吾，就示意他大胆地说。"我觉得从能力方面，随便哪个都比他强。不过，在做人方面，新来的市场总监似乎更好点。起码那帮老同事都挺安稳的，没有人在内部有什么蠢蠢欲动的想法。"

董事长这时说到："你看，到最后不管我选你们中的任何一个，其他人都不会买账，到时候公司里会有什么变动就很难说了。如果今天坐在那个位子上的人是你，你能让那些元老和刺头听你的，本本分分地工作吗？"

杨勇沉默了很久，有点明白了董事长安排一个空降兵的意图。最后，董事长语重心长地告诉他："或许新来的市场总监业务能力没有你那么强，但他能让你们每个人都安安稳稳地工作而不至于搞出乱子。这就是他的能力，也是我的用意。市场总监这个职位，除了看重业务能力，更看重沟通和上下协调。在这方面，你还有不足，还需要培养。你能明白吗？"

听完董事长的这番话，杨勇这时才发现，自己虽然在公司的资格老，业务能力也强，但缺乏一项非常关键的能力：沟通。沟通是团队骨干人才的核心品质，我们需要为团队找到这样的人，并把他放到关键的岗位上，帮助你在团队管理中起到润滑剂的作用。一个愿意和擅长沟通的人，不仅能够很好地执行团队的计划，也能带动基层的成员发挥合力。很显然，像这个案例中提到的那位新任总监，就比杨勇更适合这个重要的职位。

第三，找一个懂财务的高手

公司成立的第一年，财务问题一度给我带来很大的麻烦。在前6个月，我对自己管好公司所有的事情非常自信，以至于连一名资深的财务主管也没有雇佣。财务工作由我和一名略懂财务知识的助理负责，制订支出计划，核算收入，整理账册，去国税局等一系列的琐碎环节，全部由我和她在跑。开始时我还是很有激情的，时间安排得井然有序，过得非常充实，但两个月后，我就感觉自己力不从心了。

1. 公司的财务问题增多，有许多乱账，我自己根本解决不了。

2. 处理财务问题占用了越来越多的时间，影响了我对公司业务的把控，主业有荒废的危险。

3. 我的收支核算方法让公司每月损失30%的利润。

4. 现金流也有断裂的危险。

看到这种情况后，我和公司的几名管理人员简单碰头，当场做了一个决定，请投资人多明戈推荐一个人到公司担任财务主管的职位。多明戈平时是从不干预公司运营的。接到电话后，他好像早就预料到了今天的形势，很快答应了我的请求。

一个礼拜后，格里芬斯从纽约来到华盛顿。他在华尔街的一家证券公司担任过5年的财务主管，年薪已经达到了100万美元。没有多明戈的大力推荐，以公司当时的规模，根本不可能聘请到他这种级别的财务人员。我们在距离公司不远的一个咖啡厅见面，谈了3个小时，第二天他就到公司上班了。从那天起，格里芬斯一直担任公司的财务主管至今，已经有15年的时间。在他的规划和管理下，公司迅速建立起了一个完善高效的财务体系，为后来的发展打下了坚实的基础。

我们的公司或单个项目的运营面临的主要问题之一，就是成本的控制。在控制成本时，最重要的除了项目主管要有这方面的意识外，还要找到一个精通财务的人才来帮助自己。因为优秀的财务人员可以合理地安排支出，并且为企业合理地避税。减少了支出，就意味着增加了盈利。这一点在大方向上是非常重要的。

在项目的进行过程和公司的管理中，需要懂得的财务知识有很多，简单的有基本的出入账，你要知道什么项目该记到什么科目；必不可少的税务知识，有多少利润，要交多少税，怎么才能合法地少交一点？还要懂得管理企业的现金流，随时了解可动用的资金有多少，融资贷款的归还周期，未来几个月的支出预算和应收账款等。

这些还只是比较简单的财务工作，你未必不能一个人处理。但实际情况是，作为企业主和项目的最高负责人，通常有很多事务需要处理。这时，最好有合适的人帮你承担这些工作，或者能够提供专业的意见。此时，像格里芬斯这样的财务高手的重要性就显露出来了。

保持骨干团队的稳定

在一个团队的创建初期，骨干团队的构成方式往往是比较简单的。例如，通过邀约、沟通等形式，请自己的朋友、过去的合作伙伴、志同道合的同事等加入进来，一起创业。但当公司发展起来以后，随着项目的不断成长，团队规模的变化，市场需求的调整，我们对人才的需求和初期也会有所不同。从另一个角度看，骨干成员与公司的矛盾也会显现。比如，在利益、文化和价值观等方面，这些分歧加大以后，就会发生骨干员工与核心成员离职的现象。如果人员补充不到位，团队管理便可能失控，更会影响项目核心团队的团结。

创维公司就曾经在2000年发生过人事巨变。当年11月2日，在4年内一手将创维的销售业绩从7亿人民币做到43.3亿人民币的原中国区销售总部的总经理陆强华离职——而且带走了创维公司150多名骨干成员，其中包括11名原创维的片区经理，20多名管理层的核心干部和这些人最亲信的得力下属，集体跳槽去了高路华。这并不是创维中高层携部下出走的个案，在企业的历史上至少发生了10起以上。这些人担任过的职位从厂长、销售总经理、集团副总裁，再到执行董事、财务总监，几乎囊括了创维公司的所有重要岗位——这意味着公司的核心人才全部流失。他们带走的不仅是客户关系，还有一大批刚培养出来的核心人才。人事巨变对创维的后续发展造成了巨大的困难。

如果团队中的一个核心员工离职，我们就要被迫支付以下的成本：

1. 职位空缺带来的时间成本

由于团队中通常每个成员会负责一个环节，这个环节的核心员工离职，会导致团队运作被迫中断。要找到一个合适的人代替，通常是很花费时间的。且不说能不能找到合适的人，就算找到了，从招聘到培训再到熟练上岗，这期间的时间成本太高了。

2. 商业机密泄露成本

核心员工出走，最令人担忧的就是原属公司的商业机密。出走员工同时还会带走一大批客户资源以及渠道优势。如果这些资源被竞争对手获得，再反过来挤压公司的市场，对于企业和相关项目的打击是不言而喻的。

3. 重塑团队士气的精神成本

某些在团队中具有领导作用的核心员工一旦离职，直接影响的就是整个团队的士气，成员的情绪会受到波及，精力会从业务转移到“成员出走的原因”上，进而影响团队的团结和凝聚力。

4. 增大危机的控制成本

核心成员的流失，直接改变了企业与竞争对手的实力对比，让胜利的天平向对手倾斜。两三个人的出走还算不上是致命的损失，但如果是创维那种“集体式”的跳槽，对企业来说一定构成巨大的打击。人才的流失是每个企业和项目团队都很头痛的问题，尤其是骨干的流失，是项目主管应该提防的。

当然，任何一个团队都无法保持永恒不变的稳定，因为人性所致，人都要往高处走，特别是在如今猎头公司遍地的情况下。既然我们无法改变这一规律，那就要学会应对这种变化。首先，要树立一种意识，在保证基本稳定的构架下支持合理的变动。简单来说，就是在公司内部建立岗位调动机制。如果员工对于目前的岗位不太满意，可以在合理的前提下，让其转到另一个更适合自己的岗位，哪怕是生产线的转移。例如，一个文员想要到市场部做销售，管理者通过观察和测试，认定她有这个能力，可以让其试试。另外，如果一个团队成员长期表现平平或者表现很差，也要进行岗位的降级或者淘汰。

对于团队而言，优秀的成员组合在一起，其个人的成长速度常常会超出公司的成长速度。如果公司不能给员工更好的待遇和机遇，优秀的人迟早会产生别的打算。人往高处走，水往低处流，这是自然规律。公司管理者要做的就是尽最大限度留下他们，给出更高的薪酬，更好的福利，更大的发展空间。只要能不断地满足员工的需求，团队的生命周期就会不断地得以的延长。与此同时，企业也要做好新人的培养工作。例如，定期召开技术交流大会，让那些技术型的骨干员工参与其中，通过招收徒弟，把自己的技术和知识教给新人。这样可以避免他们离职后造成技术职位的空缺，给团队带来巨大的损失。

松下幸之助说："在荆棘的道路上，唯有信念和忍耐能开辟出康庄大道。"每一个团队对于核心成员的要求不尽相同，没有标准的答案，但有两点是永恒不变的：信念和胸怀。你要提供让员工愿意留下的信念，也要拥有天高任鸟飞的大度胸怀，用自己的人格魅力感化那些优秀的人才。

留住骨干员工的核心原则：

1. 认同感和归属感

总有一些管理者向我大吐苦水："那些员工干得好好的，突然哪一天就说要离开。我并没有少了他薪水，待遇也很不错。"其实，很多员工离开公司并非只因为薪水待遇问题。对于那些成长型员工，他们对企业文化的认同和归属感同样影响了他们的去留。有些企业的薪水待遇可能并不太好，但是，企业文化做得很到位，员工宁可拿着低薪也愿意留下来。这是很值得管理者思考的。

假如企业中大多数员工并不真正地了解自己服务的企业，对于公司的理念也不甚认同，在这个企业工作无法让他们获得骄傲，他们最后一定会选择离开。企业应当让核心员工多参与到团队的创建和运营工作中，培养他们对企业的认同感，这样才能让他们留下来，并且引以为豪。

2. 加强他们对重点项目的"参与度"很重要

如果你并不真正清楚自己的工作与公司的辉煌如何产生联系，你还会对自己的工作有热情吗？我想，答案肯定是不会的。有一个调查显示，企业中62%的人认为自己在做着"没有意义"的工作，而他们也不知道自己的工作会改变什么，这让他们的参与意识几乎为零。换句话说，他们打心底不认同公司的项目，因为你未让他们参与其中。

留住核心骨干的关键原则，就是多让他们参与重点项目，帮助他们工作得"有意义"，让他们感到未来充满了积极的挑战。美国大西洋航空公司（WorldAtlanticAirlines）采取的"成长与改进团队"的方案便对团队产生了不可思议的奇妙的化学作用，公司让员工一个个都变成了工作的主人——请他们检查自己所推荐的变革方案，并且确定其是否得到有效的落实。这个做法是促使了团队成员角色的转变，他们从为公司服务的角色进化为具有“领导色彩”和“神圣使命感”的角色，从而积极地投入到工作中，因为他们认为自己对公司负有重大的责任。

3. 制定可量化的绩效目标

怎么核定一项工作是否卓有成效？很简单，看工作的目标是否完成，看任务的完成质量。我们很难想象一个漫无目的地从事某个项目的团队会有多大的热情，这样的团队也很容易放弃和失败。设立可量化的绩效目标并定期考核，这样会使得成员有目标、有动力。

4. 加强骨干人才的安全感

员工在企业中每天都要面对一个安全感的问题，即：如何做才能保住我的饭碗？企业为员工提供安全感，就是要帮助员工完成工作，让其得到应有的回报，获得成就感。员工每获得一次成功，安全感就会得到进一步提升，而这也会反映到他的忠诚度上。

5. 信任和充分的授权

员工一旦被企业给予充分的信任，他的工作就会变得很出色。授权，除了给予员工更大的权利之外，还意味着员工要承担更多的责任；但对于员工而言，这份责任就是激励，是对他能力的认可，员工为了这份信任会更加努力实现目标。管理者要扮演好引导者和领导人的角色，给员工鼓励和支持，帮助他完成目标、实现自我。

随时补充新鲜血液

在2010年第二季度的财报发布之后，IBM公司对部分高管的职务进行了大幅度的调整。为了寻找时任CEO彭明盛（SamuelJ. Palmisano）的继任者，IBM提拔了四位管理人员，让他们进入更高的管理层，获得更大的权力。这是IBM公司一直以来的传统，总会为下一任CEO的人选未雨绸缪，以实现权力的平稳过渡。

为项目的运营团队进行人才储备，我们可以借鉴IBM的做法，对重要环节和主要的职位进行人才培养，并且建立“人才引进制度”，视项目发展和团队的需要来随时补充。

第一，为关键职位培养继任者，准备“后备精英”

什么是关键的职位？每个工作环节、部门的负责人都可以称为关键职位，平时就要选定1到2名候选人。当现任主管离开时，他们可以立刻替补上来，做到招之即来，来则能战。内部没有合适的人选，就要考虑从外部招聘，用招聘和培训的方式进行人才储备。

在甄选关键职位的后备人才时，要考察三个方面。第一是基本条件；第二是关键的资质；第三是综合素质与成长的潜力。你可以结合不同的形式进行考察，比如个人的简介和资历、交谈、试用及背景调查等，还可以借助权威机构的专业分析来对人才进行评测，把内部的精英员工和外部的优秀人才放进自己的重要人才库。

第二，开放式的考核

“考核”与“评价”是我们培养和提拔人才的基本途径。作为项目或公司的最高负责人，你可以建立与人才培养相关的考核制度：**如果下面的各级主管没有培养出自己合格的接班人，将不能晋升到更高的职位**。用制度规定团队重要成员的“人才培养义务”，把这项工作纳入绩效考核，这样就能形成一种培养人才、引进人才的团队文化，对我们的项目团队形成鲶鱼效应，优化管理团队的素质。

第五章

为你的项目做运营计划

◎“信赖你的团队”是制订成功的项目计划的关键。只有具体干活的人才最清楚问题，他们最有可能鉴别出计划的哪一部分是“充满挑战性”的乐趣，哪一部分则是无聊的官僚把戏。为乐趣元素多留一些空间，而不是压缩它们，这样的计划才能创造出更优质的产品。可惜的是，现实中大概有70%的项目管理人很少在乎下属是怎么想的。他们最喜欢做的事情是一个人（或者和亲信）关起门来商量一个方案，然后走出门去宣布命令。这么做的结果一定是不如意的。

◎在进行市场的前景判断和利润分析之前，先要考虑到一个核心问题：什么时候进行交易才可能赚钱？这个问题实际上包括着三个方面的内容：你必须有一个“接受损失”的计划，当市场不利时，以较低的损失坦然退出；你必须有一个“接受赢利”的计划，当赢利的目标实现时，可以按计划变现；你必须有一个可以遵循的“既定步骤”的计划，当市场波动时可以让你有一个参考的范围和处理原则。

没有计划，项目寸步难行

亨利·福特被誉为20世纪最擅长发明创造的企业家，他一手创立了福特汽车公司，其汽车在美国市场销量排名第一的地位保持了长达75年之久。和洛克菲勒、摩根一样，他的成功根本性地改变了美国。作为世界上最大的汽车集团之一，福特的崛起必定源于多种因素的结合，但有一点是福特始终不渝坚持的——**做计划**。用计划来生产汽车，用计划来推动每一个新的汽车项目。

福特喜欢做计划。在从事任何工作之前，他都要把事情的每一个过程每一个细节计划好，因为工作中发生的变化会破坏目标的统一，而且浪费掉大把的时间。“这种浪费是不值得的。很多发明家的失败是因为他们分不清计划与实践的区别。”他坚持认为，良好的规划是高质量工作的保障。规划的目的就是消灭一切意外对工作的破坏。如果有一件事未经计划就闯进了他的工作中，福特会非常愤怒。他绝不能容忍这种事情的发生。

第一，计划先行，才能做好项目

玫琳凯化妆品公司的创始人玫琳凯·艾施（MaryKayAsh），也坚持奉行“计划第一”的原则。她每天晚上睡觉前都会做好第二天的日程计划，把事情按照轻重缓急排列好。到了第二天，她就按照计划进行，长此以往，没有一天例外。

任何一个出色的管理者都是如此，管理公司是这样，做项目更是这样，不会做计划是肯定不行的。计划的过程其实就是在**设想我们会得出什么样的结果，如何实现这个目标**。通过有序的计划，把一切人力、物力、财力资源整合起来，通过成熟的流程运作下去，并加以合理的控制和监督，确保项目实施始终围绕最终目标，不会脱离轨道。

第二，在启动前，就要规划好项目的未来

做好项目的总体计划，就是要告诉客户和团队：**这个项目成功的标准是什么，将来可以发展到什么程度，为我们带来多大的收益——不仅是金钱的，还有其他方面的回报**。要用一份完整的计划进行预测并把它描绘出来。

这个计划工作在项目启动之前就要完成。对一个项目的整体、中段和未来的预测要体现出专业性和客观性。在互联网深度改变世界的今天，任何一个项目都不可避免地面临市场“碎片化”和“无边界化”的局面。你的计划是否能够考虑到这些因素？你的规划有没有预测到未来10年左右的市场变化和发展战略，并对可能出现的问题制定针对性的策略？

就像盖楼一样。“盖好一栋楼”就是一个项目，在总体规划中，你要有楼房的面积、高度、楼距、周边道路、绿化等环节的设计计划，还要有楼房的出售价格、未来的涨价趋势、楼市风险等市场计划。最后，就是项目的分步计划，比如楼房内部的空间、格局设计等。有了这些完整的立足于现在、着眼于未来的规划，你才能说服客户并让项目团队心中有底。

让团队参与到计划中

史派西是纽约一家大型软件公司的首席运营官。最近为了激励员工创造更好的业绩，史派西特地制定了一份“豪华员工激励大礼包”。他在动员大会上向每个野心勃勃的销售员许诺，只要业绩能够超额完成50%——这当然是很困难的目标，就可以去任何一个梦寐以求的地方度过一个美好的周末，而公司将全额承担其度假的机票和食宿等费用，奖励额度高达5000美元。

史派西为自己的想法激动不已。“这棒极了！对吗？”他极力对着自己的同事自夸，“我会让这家公司像发射火箭一样快速成长，你们就看着吧！”作为高级项目主管，他经常有这种夸张的表现，喜欢当众赞美自己的能力。

一个月很快过去了，然而，史派西的激励计划似乎并没有起效，相反的是，销售员的士气却被严重地挫伤。史派西不知道的是，这一个月来，那些每天把西装领带抽得紧紧的销售精英并没有为了他的豪华大礼包争得不可开交，而是一有空就嘲讽史派西那个自大狂到底要抽风到何时才会意识到这个豪华奖励是多么的荒唐。

这场奖励“闹剧”最终以史派西助理的善意提醒而结束。这时史派西才意识到自己的错误有多么好笑。他设立的获奖门槛太高了。普通销售员一个月大概能为公司带来30万美金的收入，而史派西的奖励标准是超过50%，也就是说要完成45万美金才能拿到奖励机会。人们知道这个目标是不现实的，所以懒得理会。

“好吧！我得承认这个想法确实是我拍拍脑袋想到的，因为没有与大家商量，这使我变得愚蠢。这个销售目标太高了，**我应该事先征求大家的意见，这样才会让这个奖励的标准既公平又有竞争力。”**史派西懊恼地说。

如果没有团队成员的参与，计划就会遭到人们这样的对待。在项目的运营计划中，任何一个涉及具体执行的环节，都需要有团队成员的参与，否则，计划就成了领导者一个人的游戏。

第一，“信赖团队”是关键

有多少项目主管在内心中对自己的下属是“不屑一顾”的？信赖是团队中最重要的事情，因为具体干活的人才最清楚问题，他们最有可能鉴别出计划的哪一部分是“充满挑战性”的乐趣，哪一部分则是无聊的官僚把戏。为乐趣元素多留一些空间，而不是压缩它们，这样的计划才能创造出更优质的产品。可惜的是，现实中大概有70%的项目管理人很少在乎下属是怎么想的。他们最喜欢做的事情是一个人（或者和亲信）关起门来商量一个方案，然后走出门去宣布命令。这么做的结果一定是不如意的。

信赖体现在，我们要听取员工对于项目某个部分的意见，并充分地肯定他们的意见，尊重他们的想法。信赖不是体现在口头上，而是发自内心。项目主管要明白，不管你的计划有多么吸引人的眼球，说到底都要由这些普通的员工去执行。假如计划不受他们的欢迎，你可能什么都得不到。

第二，从下属那里征求“最好的方案”

许多项目都有固定的日程和进度安排，没有多少改变的空间。这决定了我们制定计划的回旋余地是有限的，而项目管理者一个人的脑袋似乎装不下太多的创造力。当项目的愿景十分明确，而且你的想法又比较单一时，为何不邀请团队参与讨论呢？

为了不遵从一个无奈的计划——有时管理者也会认为自己的计划十分不完美，你就不能忽视员工那里早就存在的可能更好和更快的方案。他们或许比你有更多的发散性思维。更重要的是，集思广益的智慧结晶总是比较合理的。即便团队会议拿不出更好的计划，由于经过了全员讨论，人们在执行这个计划时的力度也会有天然的保证。

制订盈利计划

我们做一个项目的最终目标是为了盈利，因此一定要有好的盈利计划。如果你连如何盈利或可以赚到多少钱都缺少分析，项目想做好就是不可能的。在进行市场的前景判断和利润分析之前，先要考虑一个核心问题：**什么时候进行交易才可能赚钱？**这个问题实际上包括着三个方面的内容：

——你必须有一个**“接受损失”**的计划，当市场不利时，以较低的损失坦然退出。

——你必须有一个**“接受赢利”**的计划，当赢利的目标实现时，可以按计划变现。

——你必须有一个可以遵循的**“既定步骤”**的计划，当市场波动时，可以让你有一个参考的范围和处理原则。

在项目的管理中，盈利必须是可以预期的，但通过哪些方面的努力，我们才能实现盈利?

第一，和定价有关的计划

这个很容易理解，例如你的产品成本是100元，你的出售价格是120元，那么，你的利润就是20元。扣除掉各种税费，落入口袋的估计会有12元左右。产品或者服务的成本根据不同的东西有不同的构成，但基本上会包含租金、工资福利、运输费、广告费、材料费以及其他杂费等等。

除了上述这些固定的成本外，还有一些特殊的固定成本，就是折旧费。通常在国内，固定资产每年折旧率分别为：工具设备20%、机动车辆10%、办公家具20%、店铺5%、工厂建筑2%。在计算产品的定价和制订价格计划时，不考虑这些成本的方案是无效的。

第二，对利润的预测

如果是销售型产品，根据销量和市场调查估算，我们大概可以算出一个销售利润。当然，这其中肯定会有出入和变动，这就需要项目经理多进行市场调研，及时对目标做出调整。在现实中，我见到的最多的情况是，人们总是乐观地估计自己的利润，不是将成本想象的过低，就是对市场前景的判断过于积极。在这种时候，利润计划就变成了空中楼阁，随着项目的发展只好不停地调低——这么做只会影响团队的士气，也会打击你对这个项目的积极性。

第三，现金流保障计划

现金流就如同项目的血液，一旦血流不畅或者供血不足，危机立刻出现。没有现金流的保证，你不可能盈利。所以，我们的项目计划中绝对不能少了对任何一个月的现金流控制。在项目的运作过程中，如果出现了“现金流不足”甚至呈现负值的情形时，就要立刻采取预警措施加以补救，绝对不能对其放任不管或采取冒险、赌博之举。

制订管理计划

不论什么样的项目，管理计划都大同小异，大体可以分为以下10个方面：

1. 项目的工作计划：从宏观角度阐述工作的目标、分工和进度。

2. 人员组织计划：从人员的角度确立项目的组织战略和人员安排。

3. 设备供应计划：说明需要哪些设备，并对此做出安排。

4. 资源供应计划：说明项目需要动用的周边资源，比如合作方、后续材料等。

5. 风险管理计划：专门的风险清单和用于应对风险的管理计划。

6. 进度计划：对项目的进度做出具体的安排。

7. 成本投入计划：项目需要多少资金，如何投入？做专门的计划说明。

8. 技术控制计划：如何控制项目的技术质量？必须有高效严密的技术计划，保证专业的技术人员可以掌握技术环节的进展。

9. 行政支持计划：规划好项目的行政管理工作，用计划来规范“管理”本身。

10. 后勤支持计划：对项目的后勤工作做出明确的规划，制定相应的制度。

对项目来说，管理计划是一份“主计划”和项目各分支的计划纲要，它确定了执行、监控及结束项目的方法，明确了项目的性质、执行过程和生命周期，并且对项目不同阶段的划分做出规范，是做好一个项目的必备环节。

在管理计划的各个分支中，必须体现如下的内容：

——项目的整体管理过程：记录开始、结束和回报信息。

——每一个特定、阶段性或分支项目的管理过程。

——实现这些“分项目”的工具及技术手段：用计划定义它们。

——项目为何需要这些时间？内容要有说服力。

——如何在不同的项目间建立交互关系，用选定的过程来管理具体的项目？

——如何执行项目工作，来完成规定的目标？

——如何监督和控制项目的变更？

——如何实施配置管理？

——如何保证项目的收益？

——如何保障项目成员的沟通？

——如何借助互联网技术，压缩项目的成本？

——如何更精确地对市场进行划分？

总的来说，管理计划就是项目的**“生命周期模型”**。就像人是一个生命体，项目也是一个生命体，它有开始和结束，并划分为很多不同的阶段。对于这些多阶段，项目的管理计划要做出明确的定义：

1. 阶段是如何划分的？

2. 中间的过渡是如何实现的？

3. 我们需要投入的资源、人力是什么？

4. 我们面临哪些风险？

5. 我们解决风险的方法是什么？

这些问题，也要一一在管理计划中体现出来。对关键的部分——和风险有关的决策，项目主管还要进行关键的评定、修正，充分讨论后才能发布出来，并取得团队的一致认可。你要和团队的管理人员共同制订这份计划，让它体现集体的智慧，然后一起承担责任。

制订激励计划

如何才能制定一份高效的基于某个项目的激励方案？

我们以深圳一家科技公司为例：这家公司做的项目多为网络推广类，基本上一个项目做下来需要两三个月，项目的人数通常固定在5~8个人。公司的激励方案是给项目员工发放出差补贴。等到项目完成上线，每个项目成员会得到一笔奖金，额度通常是他们一个月的工资。这样的激励方案使每一个项目成员都还比较满意，因为项目比较简单，周期也短，就是几个人一组，一起干活一起分钱。

但是，也有一些比较复杂的项目，每个项目员工参与的周期长短不一，负责的环节不同，牵扯的责任大小不一，如果仍旧按照简单的补贴加奖金激励方案，会令任务重、付出大的成员感到不满。

任何一种形式的管理，激励计划都在其中占据着无可代替的一席。管理者要在激励方案的制定上下苦功夫，制订出一份好的激励计划会让成员备受鼓舞，那么，项目的成功率就会大大增加，为你带来最大的收益。

一份合理的激励计划要依据哪些原则来做呢?

第一，管理者要确定激励的对象是谁

哪些方面需要激励?这涉及对员工行为和工作效率的约束和提升，确定了这些内容，团队的整体执行效率和团队目标的实现才有保证。

第二，管理者要给出一个准确的、细分的激励标准

比如，工作做到哪一步，员工就能看到自己会得到的奖励，这样员工会自主和自动地设立努力的目标，并自觉地为之付出努力。对于这一点，管理者一定切记：不要笼统地画出一个大饼，告诉所有人项目完成了就可以分一块，而是要事先在大饼上做好切割，项目开启之前就让员工清楚自己做到什么程度可以分到多大的一块饼。

第三，激励计划的制订必须要员工参与进来

很多管理者在这一点上栽过跟头，自己费了很大的劲搞出一份看似非常全面的激励计划，到头来却收效甚微，还惹得团队成员集体抱怨。其实最好的激励方案从来都是出自员工自己。他们知道自己的目标和能力在哪里，从来不会盲目。而管理者通常是坐在椅子上描画一份美好的图纸，目标写得高高的，希望员工能做到自己期待的目标。这些目标漂亮但不切实际，所以，要想取得激励成效，最重要的还是让员工参与。

第四，注意激励的时效性

激励是一种对于阶段目标完成后的奖赏，与补贴是有区别的，管理者要注意控制节奏。如果每周都固定给员工发放一次奖励，时间长了，员工会把这种行为认定为“常规补贴”，这就失去了激励的意义。也有的公司会把奖励周期设定为半年一次甚至一年一次，这就成了年终（中）奖了。还有的管理者喜欢挑一个固定的日子发放奖励，这样也是不可取的。一旦某个日子被打上“奖励日”的标签，员工也会把这天当成常规活动日，奖励就失去了鼓舞的作用。最好的方法是每个季度发放一次奖励，而且不要固定在同一天。这样员工就可以建立“自我季度目标”，工作业绩也变得稳定而且有成效。

第五，简单和公开

有的管理者会把激励计划写得跟公司规章制度那么长，其复杂到每次要实行激励计划的时候得从头到尾分析一遍。这种管理其实是在浪费时间，到头来只是写了一份漂亮的文件，而员工根本就搞不懂自己会得到什么样的激励，也不知道该付出什么样的劳动，激励计划就成了摆设。激励方案要简单明了、清晰易懂，让员工一看就知道自己应该怎么样，应该为了什么样的目标努力。否则，你的激励就成了一场骗局，既浪费了管理者的时间，也挫伤了员工的热情。

第六，当面表达你的表扬

就职于美国盖洛普咨询公司（Gallup）的皮特森（Peterson）说：“我认为，当你发现员工的行为很好时，应该立刻进行口头表扬。你会发现一句简单的话会让他干劲十足。”不少管理者发现了这个有趣的现象。一个大型商场的经理在进行巡视时，发现一个销售员向购买了产品的顾客鞠躬表示感谢。这令那位受到热情招待并被重视的顾客开心不已。这位经理走到销售员的身边，充满肯定地对她说：“我看到你刚才的做法，非常好！这会让顾客对我们的满意度更高。”后来，这位经理每次巡视时都会悄悄地观察那位销售员，发现她的热情比以前高涨了许多，整个人也变得自信。不出意外，她的销售业绩从名不见经传很快进入了季度前三。

皮特森说，当面表扬就像给了员工一颗糖果，员工会立刻体会到甜味，并永久怀念这个味道。只要能够真正了解员工需求，大可不必重金去聘请昂贵的咨询公司为你提供激励方案，最经济有效的方法从来都在管理者的亲身实践中。

第七，帮助项目成员拓展他们的事业

北京有一家外资公司从创立以来一直沿袭着这样一个奖励计划：表现最出色的前10名员工可以获得接受教育、拓展职业前景的机会。这个计划成了高额的年终奖之外，最受员工追捧的一个奖励政策。

黛安是一位享受过该奖励的亚洲区分公司的高级职员。尽管她现在已经在另一家公司担任高职，但在谈及这个激励计划时，眼中仍冒出兴奋的火花："这是个激动人心的计划。只要你足够努力，实现了那个不太容易实现的年度销售目标，就会得到一次参加由众多企业领导人参加的研讨会。你的绩效越高，可以参与的时间就越长，也会得到更多的会议服务和会议内容。在那里，你会接触到最顶级的销售精英和销售技巧，还有令人向往的职业发展动向。还有一点，在每晚举行的社交晚会上，你会结识很多高级人士。如果你的表现足够好，让人印象深刻，总会收到几张金色的名片。这意味着你将有更好的职业前景了。"

抓住主要目标，不要盯着旁枝末节

制订计划时要突出重点，要用计划保证重点环节的进度，用主要目标来带动全局。项目的宏观计划不需要考虑"细节问题"——后者是阶段计划和不同环节的负责人的工作。简而言之，项目主管要把更多的精力用于宏观战略和主要方向，细节问题则交给团队成员协助解决。

项目的"主要目标"是什么？

1. 满足产品（服务）盈利的需求。

2. 满足项目利益相关各方的不同要求与期望。

3. 满足项目持续发展的期望。

4. 满足项目团队人才成长的期望。

项目主管在计划制订中的主要工作是，你要确定项目实施的详细范围、定义工作成果、评估主要的风险。在这个基础上，去制订项目实施的时间计划、预算计划和人才计划等。为了保障上述主要目标的实施，你要充分地思考项目的本质，紧抓主线，而不是分散自己的注意力——**最坏的管理是偏离了项目的本意，把精力放到无足轻重的衍生项目上，**到头来主要目标没有完成，次要目标也就失去了价值。

对目标的沟通非常重要

在项目计划的制订过程中，要重视与客户的沟通，收集他们的反馈。与客户的沟通是很重要的，必须随时随地进行。项目的进度要和客户保持即时的通联和信息共享，不必害怕客户知道你的开发计划，因为项目本身就是在为客户服务。你应当和他们共享计划，通过沟通和反馈，来改善自己的计划。

例如，2015年我主持了旧金山一家公司的“管理培训”项目。客户提出的项目完成时间是4个月，目标是对该公司57名中层干部进行每个人为期10个课时的培训，并且达到考核要求。在这57名干部中，有19名是新晋管理者，没有任何部门或工作小组的管理经验。项目拿到公司讨论后，我发现客户的时间要求不合理，是对方的副总裁单方面提出的要求，没有在他们内部形成统一意见。如果公司按照这个时间周期做项目计划，双方在后期必然会产生不可预测的麻烦。

因此，我们没有急于去做这个项目的分支计划，而是就这个主要目标和客户展开了沟通。我们把做出的初步估算和项目分析摆出来和对方讨论，提出了一些难点：人员和课时过多，参加培养的人员也应该分成两个不同的类别，而不是搞一刀切。最终，我们共同决定，将项目的执行时间延长为7个月。有了客户的反馈和客户主要领导的一致同意，解决了主要的问题，后续的计划才能够从容地制订并获得有效执行。

对重点部分详细阐述，防止歧义

2015年年底，我在公司的一次项目会议上，对于为国内某基金公司开展的培训计划只讲了5分钟。而摆在我面前的文件却厚达25页，这是规划部的十几名员工用了两个礼拜才做好的详细计划。我只提了简略的几点："第一，我们这次要培训多少人；第二，我们培训的地点在哪儿；第三，我们要动用多少资源；第四，我们要准备多少课程；第五，我们必须在多长时间内完成。"这是"我的计划"，是项目主管或更高级别管理人的计划，是你应该关心的问题，而不是纠缠于细节，讲起来没完没了。

通过这件事，我要表明的是——项目计划分为两个部分，一部分是详细计划，存在于项目的规划部门和执行部门；一部分是简报性质的重点计划，是项目管理者要掌握的环节。管理者在自己撰写计划时，该详细的要详细，该简略的则要简略，讲明重点，不生歧义，这就是我们的工作。

第六章

项目的分工和流程控制

◎项目任务分工的“并行处理原则”：在分工中要采取“多线程”分配，使任务获得“并行处理”。这一做法的目的是，避免这个环节已经做完，另一个环节却还未开始，以至于一个部门（小组）要停下来等待另一个部门（小组），耽误项目的进度。在并行的流程中，不同的任务要同时开始，各方紧密配合，把时间利用率提升到最高的水平。

◎项目流程控制的“小数点法则”：成本的支出要精确到小数点——不多花一分钱；任务的完成要精确到小数点——定位到几点几分，而不是某一天；人员的安排要精确到小数点——从“每小时工作量”的角度考虑项目人员的构成；会议的时间要精确到小数点——超出一分钟也不行。我们提倡的“小数点”法则体现的不只是一种项目精神，还是“精确文化”在项目管理中的表现。它的本质就在于让项目的流程控制成为可操作的、具体的、信息化的、可传播的、易于掌握的“流水线”，让我们的项目始终处于一种高效运转的状态。

个人英雄最不可靠——没有谁能一个人做好项目

· 苹果公司为什么成功?

· 苹果产品为什么是高品质的象征?

对于这两个问题，很多人都将其归功于乔布斯的个人创造力和对“产品品质”的苛刻要求，但实际上，精英团队与严密的分工文化才是苹果成功的关键。乔布斯在这种文化的设计中起到了关键作用。他极力反对大公司的工作思维，而是把每一个产品、每一个功能的设计都当作一个小的项目来对待，并为此组建一支精英团队。身上有浓厚的“个人英雄主义”色彩的苹果历史上最伟大的掌门人，其实是一个超级强调团队主义的领袖。只有团队的力量才能创造最不俗的产品，才能胜任最卓越的项目。

肯·西格尔(KenSegall)曾经担任NeXT和苹果公司的创意总监，与史蒂夫·乔布斯有17年的共事经历。他说：“苹果崇尚简洁的分工，力求发挥每个人的力量，参与到一个具体的会议和分工中。乔布斯无意改变这一极具优势的做法。他知道一个人做不好事情，但太多的人同样也不能。”

一个人总是干不过一支团队，而一支简单组合的团队又干不过一个分工严密的系统。就是说，团队合作+系统优势+利用趋势才等于项目的成功。所以我们会看到现实很公正，一个人在街头卖汉堡，不管他的推销能力有多强，都卖不过街对面的肯德基。他可以一天24小时不休息地在街叫卖，也可能赶不上一个肯德基门店2个小时的汉堡销量。

没有团队分工合作的项目，就是爱因斯坦这样的天才再世，也不可能走得太远。所以对项目管理来说，“整合人才”非常关键，把人才安排到合适的位置，让他们密切合作。在项目的分工中，没有观众，只有参与者。要把观众关在门外，要用分工保障项目的效率，激发人才的潜能。

结合起来，我觉得项目主管最重要的一个任务就是：打造一个富有智慧的项目生命体。在这个生命体中，没有个人英雄，只有集体英雄。把一群精英人才聚拢到一起，每个人都去做自己擅长的工作，我们不管做什么都可以走得又快又远。

分工体现纪律性

个人英雄主义的背后是散漫和随意。不管大事小事，由一个人说了算，或者一个人干到底，意味着项目的结果和产品的质量全部寄托于一个人，没有谁能约束他，也没有谁能帮助他。这时，团队就丧失了纪律性，项目的未来也打上了疑问。因此，我一直强调，要永远追求项目的纪律性，宁可损失一些天才员工的创造力，也要保证项目团队是训练有素和协同有序的。

为了计划完成率，必须团队合作

每一个产品都有它的周期，每一个项目都有它的完成计划。为了保障项目的计划完成率——在规定的时间内完成计划内的工作，我们就必须团队合作。虽然互联网改变了今天信息传播的方式，让一个人通过电脑可以做到的事情变多了，但对于复杂的项目而言，一个人仍然是无能为力的。大到跨行业的工程，小到一个广告牌的设计，都需要群策群力，由多个人来共同完成。

简洁很重要

简洁的工作流程是高效之根本，这是乔布斯和后来苹果公司的继任CEO始终强调的一个理念。“简洁文化”要贯穿项目的始终，渗透到每一个环节，特别是在流程的设计上，要让每个阶段都有自己扁平化的工作程序，释放团队和员工的“高执行力”，在最短的时间内完成项目规定的目标。

简洁让你明确权责：工作流程的设计是为达到特定的价值目标，安排不同的人共同完成复杂的工作。遵循简洁的原则，严格和直接地设置先后顺序、协同要求，界定角色、权力与责任，让团队成员各自明确自己的责任，更好地分工协作，避免产生过多的中间环节和不必要的沟通。

简洁让我们少走弯路：按照简单直接的工作流程展开合作，把前人的经验、教训融入其中，总结出最适合项目的工作方式和流程，可以让我们少走很多弯路，用快速直接的方法确保项目的高效执行。用简洁的流程管理分工，就能够做到“看到即做到”，“做到即实现”，让工作就像打游戏一样简单。

石先生在上海的一家文化公司工作，这家公司以出版专业书籍为主。由于学术类书籍在审校中的要求十分严格，对负责人的要求也很高。石先生刚加入公司，还没有学习到足够多的经验，他的领导就退休了，把他安排到了审校部门主管的岗位上。石先生说：“听到这个消息，我的直觉就是要坏事，看着是升职，其实是大麻烦，因为我从来没有带领过这么专业的团队。”如果把审校视作一个项目，那么，石先生就是毫无这方面经验的项目主管。他的专业能力比较出色，但缺乏管理能力，也不知道如何改进部门的工作流程——过去一年来，该部门的工作效率很低，公司老总明确下达了“改革”的命令。

就在他尚需要一段时间学习的时候，有一批技术类的图书急需完成审校，这个任务分到了他的部门。看到这么多的工作，石先生心乱如麻，根本不清楚怎么在短时间内分配好十几本书，让有限的人手发挥出最大的战斗力。在一开始，他尝试按照以前的流程开展工作，但过了一周发现，大家的工作非常糟糕，彼此之间缺乏沟通，有重复的工作不说，还有些人根本不知道自己该做什么。没办法，他去请教公司副总，希望有人能向他伸出援手。他说："如果没人救我，我恐怕要辞职了。"

公司副总简单了解了一下情况，立刻批评他："这是你的问题，其实改变落后的分工思路很简单，对工作略加调研即可。可你只知道做自己的工作，不沟通，不开会，不因人而异地分配工作，反而把工作搞复杂了。人人都不知道该坐在什么位置，做什么事情。你虽然屁股坐在了部门主管的椅子上，可思想上还把自己当员工，没有认识到自己的管理责任和主动创新的职能。"

石先生听了以后非常羞愧。他发现确实是自己将问题搞复杂了，"审校"首先是一项工作，不是一门艺术，如何让下属按部就班地快速结束这批工作？他之前采取的方式是带头拼命加班，做一个是一个，而不是根据员工的特点把不同的任务分配给他们。但他不是超人，也不是机器，这么做效果是很差的。第二天，石先生便按照公司副总建议的流程对工作进行了重新布置，用了15天左右的时间，部门的工作就走上了正轨。

高效的流程有多么重要？你看看身边的任务日志是否清晰就知道了。我去一些项目团队考察，很喜欢看看他们各个部门的工作日志。如果上面的记载乱七八糟，没有头绪，说明他们的流程是混乱的，项目的效果也不会太好。所以，有时候你判断一个团队、一个领导者能不能做好项目的管理，不用参照别的标准，就去看他的任务日志或者流程安排。这是最能体现项目主管能力的地方。

第一，分工和流程计划要"有效"

"有效"是一个基本原则，这决定了流程的制定不能随心所欲。像有的管理者认为，既然工作流程有这么大的作用，那我就多制定一些"规定"，让规定大于天，事事都有流程可依，不就行了吗？于是，需要流程的地方写满了一、二、三、四，不需要的地方也列了一大堆条文，僵化教条，复杂烦琐。仅仅熟悉这些不同的流程，就让团队的成员头疼不已。看着一本本厚厚的操作手册，项目主管感到很高兴，也很放心。岂不知大量的无用流程占用了时间，严重影响了员工的积极性，也拖慢了项目的进度。

没有流程，事情不好办；流程太多，事情也办不好。项目的分工流程和操作计划不在于有多少，而在于**“是否有效”**。管理者要设身处地的为项目的成员着想，本着“简洁至上”的原则，制定必要的流程，简化和删除那些不必要的程序，让员工快乐地工作，让项目高效地完成。

第二，项目主管要遵循“简洁可行”的原则

也就是说，“简单可行”即是高效。越简单的事情就越容易掌握，复杂只能增加失误。越复杂的程序，人们操作起来错误率就越大，对人的想象力也是一种束缚。不过，现实中许多项目管理者都有“给员工找麻烦”的心态，为了显示自己的能力，也为了突出工作的意义和项目的重要性，就想方设法加大工作的难度，增加程序的复杂性。

加州大学的工商管理系教授布莱恩（Bryan）说：“这些人在下属眼中不仅是讨厌鬼，还是蠢材。即使一个非常简单的事情，他们也要把它变得很复杂，制定了长长的流程，而且在工作中加入了许多毫无意义的环节，既不简洁，又没有可行性。”当流程不具备可行性时，我们的项目也就危险了。

项目的分割与分配

布莱恩有6年的项目管理经验，曾经为几十家企业的项目团队担任咨询顾问。他说："如何给项目成员分配任务也是大有学问的。分配任务之前，第一件事就是和基层员工开会，协商一个分配计划。这个过程中，你能了解业务的本质，也能知道项目成员对工作是怎么想的，他们的意见非常重要。"在他看来，项目的管理就是一个听取民意的过程，管理者既可以与员工面对面沟通，也可以使用电子邮箱、即时通信工具等方式。总之，管理者若不同时了解业务的需求和团队的实际情况，就做不好项目的分配。

就是说：**主管分配任务一定是在充分了解业务的基础之上**。但是，最大的问题是什么呢？是有的任务没有人做，而有的任务则是很多人同时在做。没人做的结果是团队长期忽略了一些重要的环节，许多人同时做一件事的后果是浪费团队的资源。假如你不去充分地调研，就容易同时出现这两种情况。你的调研结果，决定了项目任务的分割与分配的效果。

要尽可能地追求"任务并行"

团队的力量在项目中的最大优势就是，我们能将全体成员的力量集中起来，进行集中分配使用。有句话说："集中力量干大事。"讲的就是这个道理。但是，前提是管理者要将任务合理地进行分配，让每个人在同一个时间段都在做自己的最佳任务，保证团队形成合力。

即：**采取"多线程"分配，让任务获得"并行处理"**。并行处理的目的是，避免这个环节做完了，另一个环节还没开始，以至于一个部门（小组）要停下来等待另一个部门（小组），白白耽误时间。在并行的流程中，不同的任务要同时开始，各方紧密配合，把时间利用率提升到最高的水平。

只是分工到人还不够：事、权和时间都要分工

如果仅是分工到人，我们项目管理的水平还是不合格的。这种缺乏事权分配的散兵游勇式的合作，对项目的成功也就没有什么意义。项目经理要秉持一个任务、权力、责任与时间统一分配的原则，既要分工，也要分权，更要分责，并保证他们有充足的时间来发挥自己的聪明才智。

第一，你要有一个宏观的把控

从宏观的角度把控项目的任务分配，先干什么后干什么，什么是根本，什么又是枝叶？对这些不同的环节，你要非常清楚，做到从容不迫，安排有序。这样分配任务，就不会出现有人闲死而有人累死的情况。

第二，你要有一个项目分配的“全景图”

例如，你要把整个项目的流程制作成“甘特图”之类的进度计划，先后的主次、谁在干什么都一目了然。这些信息全在掌握之中，这样才能保证任务的“并行处理”，并把工作、责任全都对应到人。

第三，你要“知己知彼”，对成员的特点了如指掌

在分配任务之前，项目主管不仅需要对项目的业务和其他类似项目的区别进行详细的了解，还要对自己的下属有一个充分的认识。他们的优点、缺点，必须如数家珍，然后给这些人分配他最擅长的任务，保证每个人都在使用自己的长处。只有如此，项目的进度和质量才会有所保证，出了问题也能用比较快的速度解决。

第四，互联网时代，要遵循“经验共享”的原则

在完成项目的进程中，如何同时锻炼那些年轻的成员？从项目经理的角

度来说，培养人才也是你的任务，但贸然把一个成员不熟悉的东西交给他来做——这种传统的方式已经落后于时代，也是对项目不负责任的表现。在互联网时代，你可以采用经验共享的方法，建立内部的信息平台，通过共享来让一个人的经验变成多个人的经验，在即时的讨论和学习中让团队的能力在“倍增效应”中快速成长。

流程控制的“小数点”法则

我有一次去北京某公司探访，不进会客室，也不去荣誉室，而是先去看他们的工作安排和项目流程——尤其是具体的流程文件和考核记录。我会看他们对任务时间、完成量的数字体现，是否精确到了小数点后面的两个数字。这是我们在多年的管理培训中一直提倡的“小数点法则”：

成本的支出要精确到小数点——不多花一分钱。

任务的完成要精确到小数点——定位到几点几分，而不是某一天。

人员的安排要精确到小数点——从“每小时工作量”的角度考虑项目人员的构成。

会议的时间要精确到小数点——超出一分钟也不行。

……

“小数点”法则体现的不止是一种精神，还是精确管理文化在项目管理中的表现。遗憾的是，我在这家公司转了半天，没有看到一个能够把任务进程做精确定位的文件。在和他们的沟通中，也果然发现了这个问题，公司的老总正因为项目管理的混乱情况感到很郁闷。他们的流程控制存在大而散、忙而乱的情形。具体表现在：

第一，部门众多，任务并行压力大，但形不成合力，如同一盘散沙。

第二，每个人都很忙碌，可很难精确配合，人和人之间总是对不上点。

问题就在于，公司的整个管理流程都是传统式的——部门主管和各级管理者的个人判断支撑着项目的启动、计划、实施及控制，没有形成数字化管理，也没有产生良性的循环。这就造成了管理者和员工都很累、但效率极低的现象。想让项目的分工和流程变得有序起来，能够面向未来，就必须实施精确管理，也就是我讲到的“小数点法则”。它的精髓就在于让项目的流程控制成为可操作的、具体的、信息化的、可传播的、易于掌握的“精确流水线”，让项目始终处于一种高效运转的状态。

1. “高标准”才有高品质

一位在奇瑞汽车工作3年的工程师赵先生说：“我们有严苛的流程标准，每一步生产流程，每一个生产线的细节，每一张图纸的修正，都是精确到极点的。”这正是奇瑞公司始终坚守的信念。有了高标准的流程要求，才有机会生产出高品质的产品。流程控制的精确化，就是为了保证项目运营的高标准，一切为产品服务。

2. 基于大数据系统的精确管理

项目主管需要注意的是，你不要在分工和流程控制中试图去改变人们已经形成的心理习惯，而要用高标准的分工流程激活他们的既有潜能。在大数据时代，我们有太多的工具来统计和分析项目、团队成员之间的关系。基于互联网平台，我们可以让他们产生良好的化学反应，把每个人的优点都融入到项目的开发中。你不需要改变每一个人，只需要在精确的流程控制下，保证项目按照计划100%地完成。这就是项目管理者的成功。

第七章

风险控制：当计划有变时怎么办

◎丰厚资本的合伙人杨守彬说：“我们艰辛地爬到了台风口，可是发现那里已经有一堆猪了，台风根本吹不动那么多猪。有幸有一两只吹到了天上，可是也很快就停了，大多数就跌了下来。”在今天惨烈的同质化的项目竞争中，我们总是面临着无法预料的风险，以至于大部分的投资者根本没有机会领悟寒冬的滋味。他们不是冻死的，而是挤死的。

◎亚当斯和他新交往的女朋友一起吃午饭，总共花了90美元，结账的时候才发现两个人都没带钱包。这时怎么办？亚当斯赶紧给在附近上班的朋友打电话借钱。当亚当斯一路快马加鞭地带着100美元回来的时候，发现女朋友又点了一杯15美元的橙汁。他的女朋友就是一个变化的市场，而他们的“午饭”就是一个项目。当他以静态的方法去做应对时，市场永远是变化的，就像女朋友刚点的那杯橙汁。如果他能以随机应变的态度去准备，市场就会是相对静止的。

死掉的90%和不死不活的10%

对于市场的风险，有着强大的互联网背景的丰厚资本投资公司（fhcapital）的创始合伙人杨守彬说：**“我们艰辛地爬到了台风口，可是发现那里已经有一堆猪了，台风根本吹不动那么多猪。有幸有一两只吹到了天上，可是也很快就停了，大多数就跌了下来。”**这句充满讽刺意味的评价告诉人们，创业和投资的人就像一支百万大军争先恐后地挤到了一个狭窄的风口，但绝大多数还没感受到台风的力量就已经死掉了。特别是当项目的同质化严重时，我们所面临的风险也是惊人的，只不过大部分投资者根本没有机会领悟寒冬的滋味。他们不是冻死的，而是挤死的。

这是一个大众创业、万众创新的时代，看起来创业的成本降低了，但实质却是——进入的条件放宽了，成功的门槛却变得更高。谁都可以创业投资，找项目赚钱，但真能赚到钱的人却少之又少。假如2010年以前创业者的成功机会是1%，那么，现在的成功机会可能已经低至0. 0001%。对于已经饱和的各类市场来说，这个成功率可能还得在小数点后面加几个零。

“超过九成的创业公司死于产品没有特点，而剩下的一成则不死不活地存在着。”布莱恩这样说。他曾经和我的调查团队在2014年年底递交了一份美国地区的创业公司生存报告，从报告上的“可怕曲线”看来，其中有超过90%的公司在初期就失败了。我的助理凯莉曾这样评价：“几乎所有的项目和公司都死于千篇一律，而且悔悟地有点晚。他们缺乏变化来应对风险，甚至没有自己的风险战略。”

试错宜早不宜晚

任何创业和投资项目都有风险，尤其在创业的初期，各种问题迎面而至，创业者如同面临千军万马。这时候总会犯错误，但如果是技术性的问题通常都很容易解决，关键点就在行业逻辑上。如果你没有了解商业运营背后的秘密，就很难从其中获取价值。这也决定了创业者在初期需要为“试错”付出不小的代价。

帕克是田纳西州（AppalachianMountain）一家基于互联网新概念的虚拟办公间租赁服务商，公司的前身是本地街道的一间小门房。从2010年成立到现在，目前帕克的公司已经获得了超过两千万美金的A轮融资。起初生意很难做，特别是在一个小镇上，人们过着悠闲的生活，似乎没有人想要开一间公司并从他这租赁一间办公室。

无奈之下，帕克带着自己鼓唇饶舌地招募来的几名员工开始思考新的模式、新的渠道。直到2012年，帕克和他的团队才幡然醒悟，开始把盈利的大网撒向人们趋之若鹜的互联网，正式走上了Online To Offline（即O2O）模式。在此之前，他们费尽心思构思自己的公司应该如何赢得核心竞争力，不断地调整思路，后来经过模式上的不断创新，在走了六个多月的弯路之后，终于走上了正轨。

创业初期的试错成本，相对于后期大方向的修正来说比较低。无论是团队搭建、人员配备、营运模式等等，这些都应该在初期找到正确答案。因为此时正是接触种子用户的阶段，客户的反馈、市场的脸色都从很大程度上反映了公司的不足，这时及时做出调整是尤为重要的。

在资本寒冬时不要跟风

比如，今天很流行的O2O创业项目在经历了4年的惨烈竞争后，各行业的市场已经饱和，很少再有新项目的立足机会。这本身就是风险——市场的变化让昨天的机遇不复存在，甚至机遇本身都变异为危险。无论是最先起早的一线城市，还是后来居上的二三线城市，跟风已经严重到了令创业者自己都感觉无力的地步。

深圳一家O2O创业的科技公司市场运营总监说：“自从我公司成立以来，仅在广州地区，已经相继问世了至少7家同类企业，他们都在做与我公司类似的项目，就连宣传广告、价格定位都严重雷同。为此，我公司被迫不断创新，以此斩断跟风者快速仿效的路径。等仿品出来后，我们已经又推出了新的产品。但据我了解，这7家企业中已经有3家被挤掉，主要就是因为产品类似，缺乏创新，剩下的那几家如果不形成自己的竞争力，相信不久之后他们也会从市场上消失。”

创业者在寻觅投资项目时，千万不要盲目地跟风，不要觉得哪里的风大就扎向哪里。因为等你进入的时候，牢固的市场格局早已形成。无论从时间上，还是资金上，都已经过了最佳进场时机。这时候进入等于是在给前人打下的市场扔钱。

想要找到突破口并不容易，但也不是没有可能，饱和的市场下总有一些边缘地带未被细分。如果能从这些领域努力，或许还有不错的机会。比如线下的客户服务，现在几乎所有的行业都在讲用户体验，如果你做了一款APP，从产品到服务，线下的项目占据了半壁江山。如果这一区域做好了，竞争力也就上来了。

没有永远赚钱的项目

没有永远风光的投资者，自然也就没有永远赚钱的项目。就像马云在2016年年初参加浙商大会时说的：“任何一件事情出现危机的当刻都不是危机，后面的危机才是危机。”随后他分析道，在5年到10年以前，人们在谈到互联网会对很多行业和产业带来巨大冲击的时候，大家会觉得你就是说说而已。当时没有多少人会觉得互联网的技术革命会给世界经济带来多大的影响，但是今天呢？10年前全世界、全中国最赚钱的公司现在已经或者被收购，或者干脆消失了。今天仍然赚钱的传统企业也改变了他们的经营思路，甚至更新升级了他们的项目。

2007年，华尔街的“救火队长”约翰·塞恩（JohnSain）入主美林银行，这是美国最大的证券公司。塞恩做了最大的努力，虽然没能带领美林走出次贷危机，但在金融危机全面爆发的前夜，为其找到了新的买家。他是华尔街最炙手可热的职业经理人，从高盛到纽约证券交所，都以“危机处理先生”著称。他拥有高贵的品质和专业的金融知识，也是一个精明的交易家。但就是这样的一位卓越人物，仍然没有敌过金融危机的冲击，几乎毁掉了自己的一世英名。

2008年，美林银行在被收购后爆出了惊人的巨额亏损。这使得塞恩所有的功绩被统统抹杀。曾几何时，华尔街的证券投资和股票杠杆是全世界最赚钱的项目，是所有的金融从业者向往的天堂。但当危机到来时，随着泡沫的破碎，残酷的事实告诉我们，即便是最权威的赚钱术，也有过时的那一天。在市场的意志面前，没有谁是永远的赢家。如果你不愿做出改变，你就只能成为历史的过客。

第一，不要觉得你的选择是“永远正确”的

1999年，我还在华盛顿的一个信息调查机构工作。我在美国认识的第一位同事葛莱克工作之余有自己的兼职。他投资了一个卖化妆品的小生意，每天下班后的6点到9点之间，都会去华盛顿的商业区推销自己的产品。我们惊讶地看着他从一个什么都不懂的小贩变成了“一天赚到的钱比月薪还高”的成功生意人。葛莱克别的东西不会卖，因为他不是太懂，但他有一个喜欢研究化妆品的老婆。所以，葛莱克选择了一个特别正确的项目。大概8个月之后，他宣布辞职了，再也受不了信息调查员的工作。

离开薪水微薄、工作枯燥的调查机构后，葛莱克很快就在华盛顿租了一个店铺，开起了化妆品超市。他的生意非常成功。我们有时会在周末结伙去找他蹭饭。葛莱克总是很大方地带我们去吃中餐、去酒吧唱歌，甚至还租了一艘游艇去长岛旅游——这时他已经是一家化妆品销售公司的总裁了。

不过，葛莱克的好生意很快就被电商平台的崛起搅黄了。随着在线购物的发展，美国人普遍开始从网上挑选名牌化妆品，然后在线购买，最后有商家送货上门。葛莱克的化妆品生意一落千丈，最近4年来，营业额每年都以15%以上的幅度减少。2015年底，他灰心地告诉我，自己准备关闭这个经营了十几年的生意。

没有永远正确的选择，也没有一直不会亏损的项目。即便是“化妆品超市”这样的市场过硬、稳定、消费群体庞大的项目，也会因为商业模式的变化而突然转变它的投资和营销方式。这时，反应慢的投资者就一定会像葛莱克一样，在正确的选择中忽然发现自己不赚钱了。

第二，在最赚钱的时候就要做好“赔钱”的准备

为了永远适应市场，让我们的项目始终赚钱，应该做好哪些准备？无论你有多少应对策略或对未来的分析、判断，有一个基本的原则是投资者必须时刻谨记的——做好赔钱的准备。葛莱克假如在七八年前就意识到自己的生意不可

能一直可靠，他就有机会主动地采取措施。例如，深入调查市场，看看有什么方法能让自己的销售模式跟上时代的发展，把实体店面与线上平台融合起来。早走一步，在市场变化前就做好准备，他可能就不会失败。当市场已经洗牌完毕时，他再做出改变，这时就没有机会了，因为市场上早就挤满了“准备被台风吹上天空的猪”。

当市场发生变化时

凯莉曾经给我讲过一则笑话：亚当斯和他新交往的女朋友一起吃午饭，总共花了90美元，结账的时候才发现两个人都没带钱包。这时怎么办？亚当斯赶紧给在附近上班的朋友打电话借钱。当亚当斯一路快马加鞭地带着100美元回来的时候，发现女朋友又点了一杯15美元的橙汁。

我在课堂上讲出这个笑话时，引发了台下学员的一阵哄笑。这其中肯定也不乏已经悟出个中道理的苦笑。以亚当斯为例——**他的女朋友就是一个变化的市场，而他们的“午饭”就是一个项目**。当他以静态的方法去应对时，市场永远是变化的，正如女朋友刚点的那杯橙汁。如果他能以随机应变的态度去准备，市场就会是相对静止的。试想一下，假如他能够预想到女朋友接下来可能还会想买点什么，从朋友手中借来的是200美元，那么，他还会因为那杯橙汁而惊慌失措吗？

市场向来风云变幻，任何一个时代都是如此。如果没有做好准备，今天你是大明星，明天就可能会坠落到谷底。你我身边就有很多这样的企业，情怀很大，志向很远，迈开步子就要做世界500强。可惜的是，很多企业连品牌还未建立就从市场上蒸发了。这时总有人站出来宣扬自己的观点：如果他们（倒闭的企业）能坚持一下，对于企业的经营战略不要朝令夕改，失败就不会来得那么快。

我们不否认这一点，因为确实有很多企业死于随便更改自己的经营策略，但坚守企业长期的战略方向，也不能固执地保持一成不变，而是要学会变通。如果大的市场环境已经改变，坚守者还在坚定不渝，那就是在把企业往死胡同上带。就像你开车行驶在一条曲折的山路上，如果你不按照蜿蜒的道路行驶，而是闷着头直行，慢慢地就会开向未知的方向。市场变化的道理也是如此，如果不依照市场环境做出改变，很快就脱离市场了。

项目要“顺应市场”，而不是“对抗市场”

不管你是做项目还是做企业——两者在本质上是相同的，最怕的就是沉浸在过去的成功经验里不肯改变。市场总在变化，不愿意革新的产品总会被淘汰，不主动创新的模式也终归会失败。因为所有人都身处一个市场一个时代，你不改变就等于是在给对手预留机会，竞争对手是不会和你一起坐等时机成熟的，总有人在你之前开始行动。

就拿20世纪末流行一时的BP机来说，那时候手机是一种特别新奇的产品，价格还很高，很少有人能买得起一部“大哥大”，因此BP机在市场上呼风唤雨，世界各地也成立了大量的基于BP机业务的寻呼公司。但是突然有一天市场发生巨变，手机价格狂跌并迅速进入千家万户，BP机一下子从风口上掉了下来，生产商和服务商都变得无所适从。

这时，那些BP机的生产企业开始了躁动。曾坚持扩大规模的人还在坚持自己的观点，为此他们想出了降价和增值服务的想法来企图对抗新生的手机市场。还有一部分企业则发现市场已经发生了不可逆转的转变，他们及时地转变了策略，割舍掉BP机尚存的微弱市场，转而投入手机的怀抱。没过多久，抓住机遇做出改变的企业都躲过了灾难，获得了新生。那些依旧沉浸在捞回原有市场份额中的BP机企业，则从苟延残喘逐渐迈向了最后的消亡。

市场变化时，你要怎么变

市场上大多数企业都属于这种类型，企业的领导人能够意识到市场发生变化，从而依据市场需求做出改变。这种企业相对于对抗市场的企业来说前进了一大步，但是也有其明显的弱势。市场风云变幻，总跟随在市场身后，不断追赶市场的步伐，无论如何都避免不了激烈的竞争。因为市场风向变更时，其他企业也追随着市场反应做出类似的举动，大家都用一样的模式，想出同样的策略。说到底，这种应变还是低等级的，跟风者居多，创新者鲜少。由于改变带有被动性质，对企业的长远发展并不太清晰，所以这种策略也是很难长久的。

霍先生曾经就职于国内一家服装品牌公司。这家公司的经营策略就是跟风，设计上照扒国外某一线品牌，然后大打价格战，用跟风战术和“降维”的价格战来争取市场。总的来说，就是过去依据这套经营理念取得了成功，现在和将来也准备这么干。

“我之前在设计部上班，整个办公室的墙上挂的、地上扔着的全是国外一个品牌的最新杂志。所有的设计师都被要求参考这些杂志，然后设计出同类的服饰。我有几次递上自己的设计稿，却被设计总监扔到了垃圾筐里。她义正词严地警告我老老实实地回去画稿，不然就带着自己满脑子的‘歪门邪道’辞职走人。”后来他实在不满于这家企业过时的产品策略，最终辞职了。

霍先生就职的这家公司就属于跟在市场后面的企业。目前国内绝大多数企业都采取类似的策略，但这种经营策略虽然风险低，短期效益客观，但长久下去却难以取得进步，想要成为在市场中拥有自己一席之地的“实力品牌”就更加困难了。

最可贵的是预见力：看到未来的变化，提前改变

那些成功地建立了百年品牌的明星企业，他们从来都是市场的引领者，而不是仅仅根据市场变化做出反应。一旦意识到市场风向大变，他们会立刻做出响应。即使变化的市场尚未影响他们的利润和战略，他们也会果断地做出变化。企业管理者和经营者要有这样的意识，不要做刻舟求剑一样的人，要主动出击，不断更新自己的产品，淘汰那些不能跟上市场的产品和服务。如果战略方向出现偏离，也要适时做出改变。

“如果你不主动做出改变，就会和在夹缝中生存的大多数一样，永远看不到未来。”

韩先生是浙江一家金属饰品公司的老板。几年前，他的公司和其他小型代工企业一样，只能给一些国内外的品牌做代工。这种代工模式的好处是：有利润，虽然不高，但是也不会有什么风险。后来，韩先生发现了家用金属小工具方面的市场，比如指甲刀、耳勺、锉刀之类，国内市场非常混乱，品质良莠不齐。韩先生立刻开始做准备。他下定决心，瞅准了这个市场进行拓展。

韩先生首先是到国内一二线大城市做市场调研，后来开始遍访其他国家学习先进的产品技术和经验。韩先生受益良多，回国后下定决心要走精品路线，做自己的品牌。那时候是2002年，对于绝大多数还处在代工阶段的小企业来说，韩先生的想法太冒险了。因为做自主品牌，市场要从头开拓，还要引进设备，投入大笔资金，做好则已，否则，就会死得很惨。

韩先生并没有退缩。他按照自己的想法一步一步地进行。起初几年很困难，但到了2005年的时候，他所创建的品牌因为品质优良，创意新颖，很快打开了国内市场。到2008年，他所创建的品牌开始走出国门进入欧洲市场，凭借价格的优势，产品的销量一路疯涨。直到今日，他的公司已经在这一领域做到了全球第五，把一个小项目发展成了知名品牌。

学会引领市场的变化

具备**“引领市场的素质”**是对项目管理者的更高要求。这需要企业的领导者和项目的开发者具备远大的眼光，要能够看到未来几年甚至几十年的趋势，视野要高远，步伐要坚实，并且有足够的耐心和实力来等待市场成熟。

需要注意的是，这种策略在短期内通常看不到什么收益，容易引发内部的质疑和反对。这时，企业的领导者一定要有足够坚定的信仰，相信自己的眼光，并且带领团队身体力行。哪怕遇到再大的阻力，也要坚持自己的原则。一旦成功，开拓出一片尚无人理睬的市场，因为没有竞争，企业的获利将是无法估量的。如果企业能够善加开采，经营战略足够严谨，在这一市场上还会建立自己的生态圈，成为行业内的垄断者。

运营不利的四种情况

在任何一座城市的大街上，我们随处可见关门大吉、出售转让的商铺，新闻里也总会见到那些因运营不利而倒闭破产的企业。在各行各业火爆的市场环境中，做项目的人很多，赚钱的却没几个。问题出在哪里呢？是什么原因让他们的运营出现了问题？

通常情况下，导致运营出现状况的主要原因就是资金问题，比如房租大幅上涨、原材料涨价、供货方的“断供”等，一旦发生资金链断裂、现金流呈现负值的情况，项目就会出现很大的问题。不过，资金问题只是导致运营不利的一方面因素，是显性的，还有其他很多原因出在内部，属于隐性因素。短时间内，这些问题不容易被发现，或者说容易被管理者不由自主地忽视。但市场是不会骗人的，一直守住现有的市场和利润不肯做出改变，不重视市场发出的警告信号，最后就难逃被踢出市场的厄运。

技术滞后产生的“自主淘汰”

市场上多数被淘汰掉的项目或者企业，大都因为产品落后，不思创新而被新的更优的产品取代。有些做项目的人以聪明自诩，投机心理浓厚，但是“很懒”，开发出一个好项目好产品，能很快地占领市场打开局面，但他之后就一直躺在功劳簿上吃老本。没有产品的革新，没有销售模式的转变，不懂得研究消费者的体验，甚至连紧跟市场的意识都没有，妄想一项技术能回馈他一辈子。

但是，市场从来不会优待“懒人”，因为市场从不缺乏竞争。一个产品出现立刻就会有大批同类产品跟上。如果你不主动创新，不去强势地竞争，自然会有更加强大的对手毫不留情地打败你。尤其是做技术研发的项目，市场竞争压力比其他行业更大。一个新技术的出现往往仅能维持几年的利润，如果不做进一步的创新，几乎一夜之间就能被淹没在新技术的大潮中。

人才管理计划的失误

如果一个团队里面，骨干人才不断地流失，就说明这个团队的人才管理存在严重的问题。你留不住优秀的人才，团队成员对企业没有归属感，对你也缺乏尊重，对你的项目自然就没有认同感。人才的流失对任何一个企业来讲都是致命的——人才储备不足，导致岗位空闲，项目运营中断，计划无法按照正常进度完成，最终就会导致经营目标的无法实现。对于一个项目团队来讲，重要岗位人才的流失，尤其是技术人才和市场销售人才，他们的离开对团队的影响是极为恶劣的。一方面，他们出走后会造成巨大的岗位空缺，另一方面，这些人才都掌握着一定的资源、技术、渠道、客户以及公司机密，如果这些重要资源被对手得到，给你的项目带来的打击简直是一场灭顶之灾。

管理出现了问题，尤其是管理的不作为带来了市场的危机，作为团队的管理者和领导人首先应该反思：为什么我留不住人才？原因到底出在哪里？是你自身的领导方式有问题？管理制度的原因？福利待遇不好？企业文化做得不好？找出这些问题的症结，才能对症下药。

客户服务的落后

格勒博在莫斯科做红酒生意。他的红酒品质算不上最好，价格与其他经销商差不了多少，并不具备很强的竞争力。但这几年靠着父辈积攒下的老朋友和老客户，他的生意也算做得很不错，逐渐成长为一家颇有实力的公司。

然而，在前年年中的时候，他发现很多老客户都不再从他这里批发红酒，客户在逐渐流失。有一次，他坐着自己的豪华汽车路过竞争对手的酒厂，在门口发现了自己的一位老朋友耶维奇正在和他最厌恶的对手握手寒暄。两个人有说有笑，十分亲热。这让格勒博感觉朋友背叛了自己。他为此愤怒不已，下车就跑过去狠狠地给了那位老朋友一拳。并且，性格火爆的他还破口大骂：“你这该死的叛徒。”显然，他的冲动会让其付出代价。

事后，格勒博醒过神来，很快就为自己的不当行为感到了后悔。他立刻给其他已悄悄疏离他的老客户打电话，想要弄清楚他们最近为什么不从他这儿批发红酒。可以想象，很多老朋友的电话都打不通了。最后，格勒博不得不以一种道歉的愧疚心态拨通了耶维奇的电话。

“你有什么事？如果你还想再揍我一拳的话我就要挂电话了……”耶维奇很是不悦。

“不不，请先不要挂电话，我是专门打电话来道歉的。我为上次不理智的行为道歉。那时我喝了酒，有点搞不清楚状况，真是太抱歉了。顺便，如果方便的话，能不能告诉我，你……为什么你去见了别的供货商？还有别的老家伙怎么不理我了？”格勒博小心翼翼地问。

耶维奇本来就不打算瞒着他：“我给过你机会的。格勒博，如果你能收敛下你的傲慢无礼，稍微地重视下我这位老客户的意见，我想事情的结果会好很多。”

“我没听明白。”格勒博感到有些不解。

“有几批货的质量存在问题，我要求你那边退货，你的销售经理推三阻四，半年了未给我解决。那批货到现在还压在我的仓库里，都快招虫子了。运输红酒的木头箱子味道太大，我让你换点高档的来。你大概根本就没放在心上，对吧？也是，这话说了得有一年多了。还有，我让你在每个箱子里多铺些干稻草，因为该死的天气总下雨，那霉味……”耶维奇说了一大堆，格勒博终于明白了问题的所在。

在这个案例中，像格勒博这种因为忽略渠道客户而导致失败的企业不在少数。我研究过很多国内企业都存在这种情况。分析他们的原因，你会发现，问题就出在项目管理者对于内部管理的不足，特别是很少考虑客户的需求：

1. 当公司上了规模之后，公司内部很容易形成一些官僚气息，人浮于事，对于客户的反馈不重视、不解决。

2. 倚仗产品优势，忽视市场服务，认为只要产品好就总有人买，不重视渠道和客户，使渠道客户感到委屈。

3. 夜郎自大，躺在功劳簿上吃老本，不去关注市场最新动向，不重视对手的变化，这样导致的结果就是客户都流失光了，才突然发现自己已经穷途末路。

资金链的断裂

我们做一个项目，成立一个团队，经营一家企业，最终的目的是为了获取利润，而利润最大化就成了企业和项目主管的最大目标。但往往企业发展到一定规模时，资金的问题就会显露出来：

经营效率下降，资金的周转减速，后续投入不足，严重影响到项目的发展。

巨人集团曾经的失败就是一个很好的负面案例：在1991年的时候，史玉柱在珠海注册了巨人新技术公司。他拿出了一个宏大的计划——建造巨人大厦。最初的设计方案为38层，并且计划在3年内完工，对前景十分乐观。结果计划一变再变，38层的大厦方案变成了70层，随之而来的是水涨船高的资金预算，从2亿到12亿，史玉柱背上了沉重的资金大山，逐步地走向了垮塌之路。直到1997年，这个巨人计划才仅仅盖好了一个大堂，成了彻头彻尾的豆腐渣工程。而这时的史玉柱已经负债2. 5亿，许多的团队骨干也离他而去。资金链的断裂没有成就巨人，反而使巨人轰然倒下。这次教训让史玉柱终生难忘。他后来回忆这段经历时说："任何一个项目的成功，都离不开资金的支持。只有一个美妙的想法是不行的。"

陆先生早年在珠江三角洲一带靠服装生意发家，后来开始做进出口贸易。他的市场眼光不错，也很有经营头脑。公司用了短短的5年时间，业绩就从一年的几百万蹿升到了3个多亿。这时的陆先生就开始考虑扩大企业的经营范围，一方面可以分散企业的风险，另一方面能够继续做大企业规模。

最后，他想到的办法是：上项目，一个不够再加一个，让项目规模化，集群化，使公司呈现井喷式的发展。于是，在这个异常狂热的经营思路的带动下，从餐饮到物流，从电子产品研发再到医疗器械制造，陆先生的公司一下子变得热闹非凡，看起来大有蒸蒸日上、势不可挡的局面。但这样的繁荣景象并没有维持多久，新发展的项目一个接一个地死掉，大量的资金被消耗，原有的项目被迫一停再停，资金缺口越来越大，慢慢地开始周转不灵，接下来就是接连不断的亏损。仅不到两年的时间，这家企业的亏损已经到了10个亿。后来，陆先生不得不把那些非核心的项目砍掉，这样一来资金才开始逐渐回流，经历了一段艰难的时期，才又在团队的努力下使公司重新运转起来。

对于多数企业来说，尤其是创业型团队，他们没有充裕的资金，在前几年总是处于流动性紧张的阶段。当经营不善、连续亏损时，资金链就可能断裂。一旦出现这种情况，就会产生消极的连锁反应：银行、股东和员工对公司失去信心，就更难获得资金，困难便越来越大，最后就会面临破产倒闭的局面。

至关重要的撤退机制

在任何一种项目的投资中——哪怕看似最安全的项目，由市场和政策风险导致的亏损都是避免不了的。有时候，亏损会失去控制，风险会越来越大，直到最后无法收场。那么，这时你如何保护自己的本金不受损失，或者尽量把损失控制在可以接受的范围内呢？这要求我们在做任何项目前，都要提前制定好“撤退机制”——体现为项目的“风险计划”，随时准备应对运营危机。

埃德蒙现在美国东部的弗吉尼亚（CommonwealthofVirginia）经营着一家大型快餐连锁公司。他早年曾和我一起共事。这几年来，他的事业发展得不错，虽然不乏艰辛，但经过努力，企业的成长速度很快，盈利的状况良好。有时，我们也会沟通一下经营管理方面的想法。从邮件和电话中，我都能感受到他的春风得意。因此，当他在周末的晚餐时间给我打来“求救”电话时，让我大感意外。

“我恐怕遇到难题了。”埃德蒙在电话那边闷闷不乐地说，“这很让人不爽，我邀请你过来看看。”

我和公司的几名顾问在工作日的一大早就搭乘最早的航班来到了埃德蒙的公司。一见面，埃德蒙就迫不及待地大倒苦水：“公司这些年其实正在原地踏步，快告诉我怎么才能让利润继续增长？”最近两年，他一直面临这个问题，遗憾的是，似乎没有什么特别的解决办法。

20世纪90年代末，埃德蒙的连锁店从一家小店面起步。根据当地人的口味和食材特色，他开发出一种特别受欢迎的零食。产品的销路很不错，埃德蒙招兵买马打造了一支团队，经过不懈努力慢慢地做起了好几家连锁店。

后来，公司经历了一段快速成长的时期，收购了几个食品品牌，在本区域市场占据了一席之地，并逐渐在其他几个州建立连锁销售网络。埃蒙德的企业看起来蒸蒸日上，似乎并没有什么问题，但就在这时，问题出现了。从2010年开始，持续到2013年年初，连锁店的销售额增长十分缓慢。而到了2014年的年初，销售额开始呈下降趋势，到年底的时候更是出现了亏损。当时间来到2015年时，他发现自己无法维持平日风光的生活了——马上就要跌下神坛。

“公司的利润正在大规模地缩水，我已经很久没看到‘变大的数字’了。但问题是，经理人和管理人员都能细数出各种增长的机会：我们可以开发新的产品，拓展销售渠道，开辟新的市场。你可以帮我分析一下，这些方法可行吗？”

我并没有急于回答埃蒙德的问题，只告诉他我会回去进行一些必要的调研。我们认为自己并不了解这个行业。之后，公司的咨询顾问对这个行业的市场情况进行了大量的调查研究，并且对埃蒙德提供的关于公司内部资源的分配情况进行了分析。经过严格的评估，团队拿出了一致的意见：埃蒙德要从其他州的市场上撤退，采取收缩战略。

当我把这个结论告知埃蒙德的时候，他的脸色和想象中的一样不可思议：“为什么？”很显然，他不想接受这个结果。

我们把研究分析的数据一一展示给埃蒙德看：“你的连锁店虽然具备了初

期规模，但是市场竞争优势仅限于弗吉尼亚。如果不计后果地铺展到所有的州区，你会失去这个优势。你的产品在本地区的市场覆盖现在只达到了48%，还大有可为。几年内，你根本不需要去全面开拓市场。”

后来埃蒙德“不情愿”地从其他几个州撤出了连锁店。他要的“增长”在2015年的年底总算得到了明显的改善。如果他不及时撤退，还是一门心思地继续扩张，他的项目不仅无法成长为美国的食品巨无霸，而且有突然死亡的危险。

我在世界各地企业的走访中，接触过诸多企业的领导人。他们总是激情振奋地与我讨论如何把公司做大，并急切听到一切与收购、融资、扩大规模、拓展市场等信息相关的建议。而当我谈及撤退的时候，他们总是满脸歉意地委婉回绝。诚然，对于一个成长型的企业，你让它在大步迈进的时候后退，着实让人沮丧，但在很多情况下撤退都是有效的，而且是必要的。如果明知正在扩大市场的行动是冒险的，却还坚持不断地投入资金、设备、人员，这就是在将企业往背离成功目标的方向带，现在投入多少以后就会损失多少。

我们有必要强调的是，**撤退并不等同于败退**。恰当地说，撤退是一种自主性的战略选择，是在**“有可能发生的失败”**变成事实之前所做的准备，是对市场风险的主动应对，自己完全拥有主动权；而败退是被迫的，是因为企业经营过程中无作为而导致的坏结果。

举例来说，一个企业正在面临结构调整。这时候，企业主动对经营方向和业务结构加以收缩，以适应市场的变化，砍掉企业非主营的项目，缩减市场覆盖，这种行为就是战略撤退。如果企业知晓正面临这一系列问题，仍旧保留与企业结构不相符的产业，不采取主动撤退的手段，等待市场裁决，结果不得不从市场上狼狈撤出，这种情况就是败退了。

无论是被迫的还是主动的，企业撤出已经攻占的市场都不那么简单。这就如同舍掉千辛万苦打下的城池，选择退后防守一样，要求企业管理层要有壮士断腕的气魄，同时，还要有不容置疑的决断力和普通人看不到的远见。

案例1：英特尔的退出和称霸

英特尔作为微处理器行业的霸主，它最早是靠存储器起家的。在20世纪80年代初的时候，存储器业务仍然是英特尔收入的主要来源。但是，当葛洛夫洞察到现代电脑技术发展趋势时，立刻意识到公司如不改变发展方向，未来将遇到巨大的经营风险。于是，英特尔决定把专注于微处理器行业作为公司未来的发展方向。英特尔因此很快成为全球第一的处理器公司。

案例2：诺基亚用撤退推动转型

诺基亚原来是一家跨行业的企业集团，后来才进入通信行业。在20世纪80年代末，奥利拉获得了诺基亚的经营大权。他力排众议，推动了以移动电话为中心的专业化发展战略，将原来的造纸等业务出售或者独立出去，逐步将诺基亚从原来的联合体企业转变为专业化的移动通信设备和基础电信设备制造商，成就了之后20年的辉煌。过去10年，诺基亚再次遇到了严重的危机，对智能手机的排斥使它被其他手机制造商纷纷超越。就在生死存亡的关头，诺基亚再次选择了撤退，收缩市场保存实力，并且用这种方式推动内部的转型。不久前，诺基亚宣布回归，它将推出自己的智能手机。

主动的撤退是一种远见。与其等到实在支撑不住时才仓皇逃走，为何不审时度势主动调整自己的经营思路，应对市场的变化？对英特尔和诺基亚这两家世界级公司来说，他们深知保存实力和集中力量突破一点的重要性。具有远见的撤退也需要经营者拿出莫大的勇气来做出决断。

当然，战略“撤退”也是一把双刃剑。我们之所以说战略撤退是把双刃剑，是因为撤退的机会并不总是发生在企业出现问题的时候，与此相反，一切运营正常的时候反而是撤退的最佳时机。这需要企业管理者具有超强的前瞻力，能看到市场中潜藏的杀机，在问题暴露或者危机变严重之前，就做好撤出的准备。等到市场的大风刮来，风向突变，企业才能因为提前行动而毫发无损或只有小小的损失。

不过，这时候的撤退一定是艰难的，不可避免地会遭遇内部巨大的阻力。因为没有人情愿割掉还在盈利的肥肉，尤其是既得利益者和保守派。如果此时那些问题项目已经在亏损，撤退就变得容易多了。坏项目就像烫手的山芋，人人急于出手减少亏损。但此时时机过半，已经损失掉的部分也再无法挽回了。

企业中如果有高瞻远瞩的人，高明地实行“撤退”计划，纵使遭遇危机也能转化为新的生机。

资源再配置，节省企业的资源。这是大多企业撤退的动机。从市场上撤出部分被占用资源，转移到主营业务上，回归企业主要目标和市场，这种撤退具备非常积极的战略意义，对企业资源的集中再生有着极大的帮助。

甩掉坏项目，减少企业的损失。企业做大到一定规模，总会扩展出一些与主业务不相符的产业，名曰“扩大规模，分散风险”。这些产业与企业总体的战略方向不相同，但也在盈利。不过由于业务结构的次要性，这种项目通常因为领导层的不够专业、不够上心而隐藏着不稳定风险，在企业未来的发展中极易出现更大的问题，甚至还会连累其他业务造成更多损失。例如，百事可乐曾经为了与可口可乐争夺市场，加入快餐连锁业务，然而，这种多样化的战略并没有助力百事，反而拖了百事的后腿，使企业处于不利的竞争局面，几度差点输给可口可乐。后来，百事公司毅然决然地放弃了自己的快餐连锁业务，把资源和精力都放在饮料业务中，这才重新掌握了竞争的主动权。

战略撤退会带来积极的“媒体效应”。对于一些聪明的企业管理者来说，撤退策略更像是一种宣传手段。当媒体大肆宣扬那些尚未正式决定的企业“大动作”时，一种不需广告费的媒体效应就形成了。我们经常看到一些大型企业在发布重大调整的时候，会伴随着新品的上市。这时，“撤退战略”就会充当新品发布的造势计划，使人们还未看到产品就已经产生了浓厚的兴趣。比如，国内的盛大公司（ShandaGroup）在2014年宣布退出网络游戏的决定时，人们关注的目光却集中在了它尚未推出的产品“盛大盒子”上。这就是撤退战略带来的积极的营销效应。

不过，撤退战略并非每个企业都能运用的得心应手。很多公司也因为撤退而陷入更大的失败。相比于攻占一片市场，从市场上成功地退出需要更多的智慧。

1. 现金流业务要谨慎撤出

有些企业的决策者为了显示自己的决心，未经严谨审慎的考虑就把一些看起来无关联的非主营业务砍掉。虽然这些业务与企业发展目标有出入，但它们是业务结构中现金流的主要供给来源。一旦把重要的现金流业务切掉，企业的其他业务也会受到很大的影响。

2. 找准“撤退”的时机

企业的不同业务之间总有千丝万缕的联系。有些业务如果撤退的时机不对，会给企业带来难以预料的后果。比如，有些业务还在盈利，如果从市场中撤退的过早，白白损失了本来可得的利润不说，还会牵扯到其他业务的进展。但如果在问题出现了以后再选择撤出，这时，问题业务就变成了烫手山芋，没人愿意赔钱做“接盘侠”。即使有人想接手，通常也会提出诸多对出售方不利的条件来保护他们的利益。如此一来，撤退就会变得十分复杂，令你难以多方兼顾。

3. 做好撤退时的利益协调

业务撤退必然会损害某一方的利益。这时候，决策者一定要做好沟通，妥善处理撤退后带来的一系列人员安置和利益分配问题，减少撤退带来的恐慌和不良反应。

4. 让撤退转化成为一种激励

杰克·韦尔奇堪称撤退战略的典范。他在作出决定让通用电气公司退出产业中利润比较微弱的产品领域时，告诉所有这些业务的负责人：“你们有两个选择，成为这个行业的第一，或者跟着这个行业一起淘汰。”这种撤退战略就此强化了撤退的深刻含义，使得企业管理者不再受制于自己的决策，而是把决定的大权交给了下面的人，一方面增强了战略决策的正确性，另一方面激励了员工的斗志。

5. 设立专门的战略撤退团队

为了克服战略撤退过程中带来的重重阻力，设立专门的战略撤退团队这样一个部门是相当有必要的。当反对声浪出现时，撤退团队站出来果断地采取措施，平息事态，解决各方矛盾，协调各方利益，既能加快撤退的效率，也能稳定企业员工与骨干成员的军心。

6. 要有详细可行的撤退计划

一切计划都要从沟通开始，企业高层一定要意识到这一点的重要性。当决定战略撤退时，务必做好各部门沟通，就撤退各项事宜达成共识。其次，制订详细的计划，包括撤退的业务范围、时间、财务、人员、步骤等等各方面因素，都要做出具体方案，最好还要准备一个备用计划，一旦撤退失败，还有回旋的余地。

7. 要与媒体打好交道

这一点我们在上面已经提到，做市场就是做眼球，如果媒体关系处理得当，媒体就会充当正面的宣传媒介，为企业的战略撤退呐喊造势，营造良好的口碑，而不是痛打落水狗。

第八章

成本和收益：赚钱是项目的第一指标

◎在准备分析项目的盈利前景之前，你要先看看竞争对手都是什么样的人和公司，他们的优势是什么？如果对手具有强大的技术优势，你能否创造更高的技术附加值以此获取利润？如果不能，这样的市场对你来说就是一个残酷的丛林——虽然很广阔，但你进去以后，生存下来的概率会非常低。

◎你要做好这个准备：实际收益要比期待收益低10%。“期待收益”仅仅是一种理想情况下的期望值，在计算时我们往往忽视了一些不利情况，对任何环节都做最好的打算。实际收益则体现了我们经营的过程，在扣除所有的成本后，你会发现理想的收益率总是会比实际收益高10%左右。我们想赚到100万，结果可能只赚了90万。万幸的是，这其实已经是最好的收益了。

为什么市场很大，你的项目利润却很低

据统计，早在2013年的时候，中国手机的出口量就已经突破了10亿部，占全球市场的将近80%。“每100个非洲人中就有两个人使用中兴手机，这个比例还在增加，再过几年可能就四个人或六个人了。”一家专做中兴手机出口的代理公司经理对我说。他做这个生意已有六年了，每个月都要往非洲飞两趟，忙得就像联合国的“非洲扶贫大使”。

但当我问到“利润怎么样”的问题时，这位经理摇头苦笑：“说出来你可能不相信，这一模式下的出口几乎没有什么利润。一部四五百块钱的手机出口到非洲，也就赚三四块钱，还不如一根雪糕的利润高。在当前的技术环境下，利润的大头都让苹果、三星、高通这样的国外巨头垄断了。和我一样的国产手机企业大多数都是如此，能赚到一成的利润就算不错。”

占有80%的市场份额，却赚不到1%的利润，这个巨大的数字对比显然会让人惊讶不已。为什么会出现这种情况呢？手机厂商的境遇不具有广泛的代表性，但说明了一些问题。手机是最平常的产品，它贴近人的生活。现代社会的每个人都离不开手机。那么，卖手机赚不到钱，一定有值得我们深思的原因。就像这位经理说的：“怪不了别人，有些出口的手机没什么技术含量，赚的就是组装费。虽然量大，但质量、品牌、技术上都缺乏竞争力，这一点是不可否认的。”他又补充说，“相对来说，中兴产品已经很有竞争力了。它毕竟也有自己的某些技术优势。”

有些产品的市场很广阔，别人做的时候很赚钱，你进去以后却只有一个很低的利润点。仔细研究，原因不外乎这几点：

1. 项目缺乏“技术附加值”

例如，中兴手机作为后崛起的世界级科技公司，虽然已经在奋起直追，但核心领域的关键技术仍然与苹果等公司存在差距。在中高端市场的竞争中，技术附加值是获得更大利润的保证。如果你的项目在技术的竞争中落败，就只能去较低端的市场——虽然低端市场的空间很大，但利润率是非常低的。

这个问题告诉我们，在分析市场的盈利前景之前，要先看看竞争对手都是什么样的人和公司，他们的优势是什么？如果对手具有技术上的强大优势，你能否创造出更高的技术附加值以此获取利润？如果不能，这样的市场对你来说就是一个残酷的丛林——虽然很广阔，但你进去以后，生存下来的概率会非常低。

2. 成本投入过高

为了最大化地占有市场和开发项目，有些公司会在前期投入巨大的成本，例如技术研发、基建投资等。这就是为什么铁路企业有市场的垄断优势却迟迟没有盈利的原因，对硬件的成本投入需要很长时间才能收回来。如果你想用较短的时间投资获利，就不能选择这一类需要先打基础的项目。

2015年，一位国内的朋友向我咨询——他想投资一款智能无人机产品：可以收发、传递信件，也可以送外卖和帮助主人取物。从智能系统上做这种产品是毫无问题的，应用市场也比较广泛。但真正的问题是，在技术上早就可以实现的产品，为何别人没有做呢？这里面显然有一个很难逾越的障碍，那就是普及成本。过高的投入成本和不可预测的风险性，让其他的投资者望而却步。所以，他如果投资这个项目，一定会把家底都赔进去。

3. 商业模式太超前

最后一个原因是，市场的广阔不代表就有盈利的可能。有一些世界级公司在某些市场区域至今没有获利，不是他们不懂经营，而是相对于发达地区，这里的商业模式较为落后，理念差距太大，因此，很难接受产品的价格或收费模式。例如，Facebook在东南亚和非洲的营业收入就面临挑战，因为这两个地区的广告主尚未完全接受数字商业模式。虽然市场占有率高，但这些地方的市场并不成熟。

到处都是收不回投资的“坏项目”

收不回投资，甚至血本无归的“坏项目”遍地都是，不幸选中赔钱的坏项目的倒霉蛋也成群结队。众所周知，互联网引发了新的创业大潮，许多人野心勃勃地跳进大海准备一展身手，结果却因投资失误而步履维艰，赚不到钱，收不回成本，有的还家破人亡。对于白手起家的中小创业者来说，这是一个需要警醒的问题，怎么分辨那些“坏项目”，避免掉进“不赚钱”的怪圈？

1. 对行业不熟悉等于“很难赚钱”

山东的王先生喜好品尝各地美食。这几年四处旅游，他发现人们总是喜欢点特色菜。有一次去一个景区的山庄吃饭，王先生看到很多人的饭桌上都放着一种绿皮鸡蛋。此情此景，让他忽然萌生了一个投资的想法——他决定回山东搞特色养殖。这些绿色食品虽然在养殖时有不小的风险，但市场是巨大的。

尽管家人极力地反对，但王先生仍然坚信“高风险带来高收益”这个投资定律，还是固执地干了起来。一年下来，从盖养殖厂到引进养殖品种、购入饲料，再到时不时地聘请专家莅临指导，王先生对这门生意几乎砸上了自己全部的家底，对未来也比较乐观。但是，眼看着就要到收获的季节，却天不遂人意，春季的一场“禽流感疫情”席卷而来，市场忽然变得冷淡，没人再敢吃这种鸡蛋。这几乎斩断了王先生所有的销路，为此他大病了一场，养殖场还没做起来就已经倒闭了。

王先生对这个行业的规律不熟悉，没有想到会发生这种风险，因此一旦发生变故，就可能血本无归。所以这个投资定律永远是有效的，你必须进入自己熟悉的行业，做自己擅长的事情。投资并不是一种**“体验新鲜”**的冒险。

2. 把鸡蛋放到同一个篮子里

这是我们常常对投资者反复强调的一点。在手中的资金有限时，人们喜欢把所有的资金都集中到一个项目中，这等于希望全都寄托在了一次投资上。虽然对项目的发展是有利的，但亏损的风险也很大，一旦遇到不容易解决的问题，市场发生了波动，没有其他的项目来平衡收支，一篮子的鸡蛋就全部打碎了。那么，你所有的资金都将毁于一旦，不可能赚到钱。相反，聪明的投资者擅长分配自己的资金，去投资多个项目，实施多元化战略，这样可以分流单一项目的亏损风险，即使有一个篮子的鸡蛋打破了，另外篮子里的鸡蛋也不会受到损失。

这一方式尤其适用于一些没有经验的投资者。不管投资的行业是否熟悉，都不要固执地冒着巨大的风险“赌博式”地投入。对普通投资者而言，多元化投资的方式看似每个项目赚得不多，但综合起来的效益却是非常可观的。

3. 过度相信他人，不亲自进行市场调查

北京的宋先生之前在一家外企任职，前两年经济形势不好，外企也受到了影响。在一次裁员大潮中，宋先生不幸失业了。他不打算再去别的公司谋职，而是准备找一个好项目自己当老板。在一次聚会中，宋先生跟一位朋友聊到了

自己的想法。一个礼拜后，朋友就向他送上了一条“好消息”——他说自己有一个好项目，已经考察了很久，前景一片光明，绝对没有问题，万事俱备，只欠东风（钱）。只要宋先生投资15万元，他什么都不用做就可以坐在家里收钱。其他的一切事情皆由这位朋友去做。

“你只需要当个幕后老板，我在外面替你经营，赚了钱一人分一半。”

有这么好的事情？宋先生被他说得十分心动。他想，自己不用出力，不用操心，只要和这位朋友五五分账，一年就可以收回成本，还能赚个小十万，这样的项目确实很诱人。再者说了，这位朋友是自己多年的至交，应该是比较靠谱的。

这么一来，宋先生对他几乎是百分百的信任，也没有对这个项目做任何的调查，更没有了解市场怎么回事，就把钱交给了那位朋友。谁知没过多久，他们的投资就遇到了麻烦，市场有风险，宋先生却不知道，他的15万元白白地打了水漂，一分钱都没收回来。朋友没有欺骗他，但是市场惩罚了他。

现在国内有一个有趣的现象，很多第一次创业的投资者，都希望通过亲朋好友的介绍获得好的项目和点子，以此节省掉做严谨而烦琐的市场调查的投入。这恰恰是失败者的一个通病。他们过于相信他人的意见，缺乏自主的市场意识和判断力，有的或者直接跟着亲朋好友的屁股行动，或者看到他人做某一个项目赚钱了，一拍脑袋便立刻加入。最后要是成功了还好说，如果赔了，就去责怪亲戚朋友。市场是冷酷的，它从不认亲情关系，投资者务必谨慎，哪怕做再小的生意，也切不可忽略了市场调研。这是很简单的道理，人人都知道，但是贯彻起来却不容易——人们难以战胜自己贪图省事的弱点，就可能投资很高却赚不到什么钱。

4. 远离互联网金融项目

近几年，随着互联网金融的强势发展，很多投资者怀着短时间内赚取高收益的心态，纷纷加入互联网投资理财。但是，互联网金融看起来比投资实体项目省心省力，实则却隐藏诸多的风险，成本和收益的高对比极具“欺骗性”，如果你不能擦亮自己的眼睛，就很容易掉进高收益的陷阱，甚至可能血本无归。

★高收益下潜藏着高风险

很多投资者在面对一项高收益的投资时会两眼放光，完全忽视掉背后风险的存在。有位投资者拿着一份网上下载下来的收益分析表向我咨询，他问这个项目自己该不该投，投的话需要多少成本。我问了他一个问题："这个项目的收益率是多少？"他激动地指着表格上的数字说："你看，收益很高的，几乎达到30%了。""哦，那你不要进入，离它远点。"我给他的意见是拒绝进行这种投资。

如果一个项目的收益率超过银行的同期贷款利率4倍甚至以上，那么，这种收益的前景肯定是存在问题的，更不要说年化收益率竟然达到了30%之高。这说明其中的风险远远大于收益，将来出现危险时，可能到最后投资者会倾家荡产。所以，这种项目宁可错过也不要惦记。它虽然不需要你投入太高的成本，但它的收益率也是不现实的。

★不要投资"秒标项目"

由于互联网金融平台的门槛较低，导致很多有问题的项目趁机钻空到网络空间圈钱。投资者一定要注意，有些平台缺乏监督管理，为了扩大平台影响力、吸引投资者进入，会发一些收益高、短平快的"秒标"项目，但由于这种项目是一种虚拟性的交易，很容易引发一些不法分子借此非法集资。一旦聚集到了大量资金，非法集资者就可能携款跑路，到时候倒霉的就是一无所知的投资者。

★远离中介平台

有些项目——超过70%的互联网投资产品都是中介平台推出的，他们利用这些产品给自己融资，用投资者的钱去做别的事情。这一点毋庸置疑，中介平台玩的是拆东墙补西墙的融资战术。当它的后续资金跟不上，或者经营出现问题时，无法兑付收益的风险就会加大，甚至连你的本金也会消失。

★不要投资“背景不明”的项目

赚钱的前提是知道你在做什么，要在投资前充分地调查项目的背景和它背后的公司。它是干什么的，拿钱去投资什么？这两年有许多小型的融资公司运营P2P网贷平台。他们推出的项目缺乏风险保证，只为了从投资者这里融到足够多的财富，并没有实质的和严谨的盈利模式。所以我们才会看到，不少网贷平台会莫名其妙地突然消失，老板携款潜逃，投资者的本金付诸东流。

★不要投资“所需金额”巨大的单个项目

有些产品融资量巨大，比如要求你单笔投资不低于100万元，还有些是天文数字，摆出一副“你没钱就别来占便宜”的态度。有些项目也会投放到互联网平台进行众筹——这是今天非常流行的一种投资方式。但是，这么大的金额，你要考虑一下他为何不能从银行获得融资，原因是什么？是市场前景不佳，还是他没有担保资质？

实体银行是这个世界上最精明的机构。他们不会做赔本的买卖，而且他们对风险的感知能力是最强的。当你把这些因素全都计算在内时，你就能看到自己的盈利风险有多高了。你要对项目做全面的分析，了解披露出来的企业信息和经营情况，特别是抵押资产证明，最后再做出理性的决定。

如何展望你的“期待收益”

多明戈说：“所有的投资者都希望自己的收益率越高越好。这体现在做计划时，他们会定一个很高的数字，然后，敲敲桌面说，就是它了，今年我要赚50%。我要把项目做成一个收益暴涨的IP，要一炮打响。”但这是不可能的事情。“期待收益”越高，结果可能越令人失望，这是一个常识。

在洛杉矶拉蓬特地区（LaPuente）开了一家健身中心的拉蒙（Larmon）是一个对投资很乐观的人。他在做健身中心项目的投资计划时，为自己制定了一个20%的年均利润。这还只是三年内，他的目标是三年后达到25%或30%以上，并且在全美开到50家左右的加盟店。

拉蒙详细分析了市场：“健康对美国人非常重要，而加州地区尚没有几家结合互联网、大数据和智能信息库的健身店。我首创这种方式，所以市场前景非常看好。”他为健身中心的器械都加载了统计软件，并且为每一个会员办理了智能信息卡，会员可以每日统计锻炼的效果。信息卡会显示会员每周的运动数据，到时间会提醒他们去健身中心。

这的确是一个好项目，市场稳定增长，但拉蒙的“期待收益”仍然太高了。他忽略了健身中心成本的投入和其他隐性的投资支出。**投资重要的不是市场有多大，而是利润空间小不小**。例如，拉蓬特的第一家店前后投资了50万美元，这还仅是第一年前6个月的投资。从第三季度开始，为了招聘一批更好的健身教练，拉蒙又花费了20万美元去做广告营销，在当地电视台和媒体发布信息，策划街头的健身活动等。这笔钱是他做计划时没有想到的。成本的投入总是这样，大约会有40%的成本是我们意想不到的。除非你能在需要支出这笔钱时按下删除键，但这样做的结果是你可能失去一部分美好的市场前景。拉蒙自然不想落于人后。因此，在第一年结束后，他惊讶地发现自己超支了35%，总的利润率算下来是负的。他还要再去融资一部分钱，才能应付第二年的开支。

做好这个准备：实际收益要比期待收益低10%。“期待收益”仅仅是一种理想情况下的期望值，在计算时我们往往忽视了一些不利情况，对任何环节都做最好的打算。实际收益则体现了我们经营的过程，在扣除所有的成本后，你会发现理想的收益率总是会比实际收益高10%左右。我们想赚到100万，结果可能只赚了90万。这已经是次优的收益了。

任何时候，都要考虑项目的隐性成本。项目的运营中有大量的隐性成本，是你在计划之时想不到的。比如，多明戈在准备公司的第一笔资金时，曾经让我发一份资金需求表，请我列明所有必要的支出项。但当公司收到他的划款时，却发现比我们列出的需求多了整整40%。我怀疑是多明戈的财务人员出现了失误，给他打电话证实。他却说：“假如这些钱不够，你可以再告诉我。”后来公司运转起来的实际支出证明，多明戈果然有先见之明。公司在前两年的投资大大超出了我们的计划。例如，我们没有想到公关费用会有如此之高——两年时间花掉了70万美元，也没有料到人工成本中的差旅费用是无法控制的，既可能非常少，也可能随着业务的增长飞速倍增。

换句话说，实际收益率是我们在总收入中扣除所有的成本后获得的回报率。在展望未来的收益时，你必须让自己务实一点——在乐观的预想与市场的理想情况下尽量考虑到更多的困难，列出未来一段时期有可能发生的不利因素，把它们折算成支出数额。再减去这一部分，后期的收益才是真实的。不过，这仍然是建立在市场可预期的前提下，假如风险始终有可能发生呢？100%盈利的项目是不存在的。

在“短期收益”和“长期收益”间找到平衡

为了获得长期收益，我们需要做什么？这似乎是一个老生常谈的话题。在项目的运营过程中，是迅速对“短期收益”变现，还是在“长期收益”的成长中得到更多的回报，人们的讨论一直没有最终的结果。彼得·林奇说：**“两三个月的短线进出是能够持久获利的。”**他倾向于操作不同的短期项目，但巴菲特却认为：**“真正赚钱的投资需要我们长期持有。”**各有道理，但对投资者的启示是什么？

谁都知道在中间获取平衡的重要性，企业的发展和项目的投资都必须兼顾长期和短期两个方面。但在现实中我们会发现，可以平衡好短期和长期收益的投资者却并不多见。有时候，人们急于抛掉变现，没有看见项目强大的增长后劲。有时候，我们耐心地等待投资开花结果，却在漫长的岁月中耗尽了自己的精力和财力。总的趋势看，人们都会优先考虑短期收益，害怕未来的风险会把现在的利润也葬送进去。这是不自信的表现。

管理一个项目或者一个企业其实就像过一条河，你是选择搭一座桥以便日后都可以便捷地行走，还是选择和大多数人一样绕过这条河走一条远路？绕过这条河不需要花费金钱和精力，只需要费上几天时间就能到达目的地。但是，搭一座桥，要投入海量的资金和付出漫长的时间，要走很长的一段路，而且，可能几年内都不会有任何回报。不过，等到桥梁搭建好，往来的距离大大缩短不说，还会给你带来巨大的回报和收益。这便是短期收益和长期收益的取舍。要想从中达到两者的平衡，投资者要付出极大的心力，所做的决策既要达到当前目标，同时，也要兼顾未来几年、十几年、甚至几十年的发展需求。如果你能做到后者，你就不再是一个投资者，而是真正伟大的企业家。

这两者既是协调的，同时，也是矛盾的：

有些项目的短期利益十分可观，但它可能会损害企业的长期利益。投资这样的项目，企业的问题得不到根本性的解决，甚至会危害未来的发展。例如，有的公司在主业困难时会拿出一部分资金投入虚拟产品市场，在纸面的收益增长很快时，公司的主业反而面临更严重的资金危机。

有些长期项目的未来预期也是非常可观的，但眼前的投入却要为此做出一定程度的牺牲，因为当前可能处于一种“只投入而无产出”的阶段。这种决策既冒很大的风险，同时也让我们的投资处于一种“长期锁定”的尴尬境地。

这当然是一个棘手的问题，管理者想要在这两种利益之间做好协调并不容易。因为管理者在实际的工作处理中，由于他目光和目标的局限，总会不自觉地偏向于保护短期的收益。在我调查的1000多个投资案例中，当短期收益与长期收益发生碰撞时，有72%的决策者都选择了放弃长期收益的机会，保护现在的资金不受损失。

一家公司的经理曾经跑到洛杉矶的办公室找到我。他说：“高老师，您所说的观点我非常认同，并且深有体会。但我有疑问。我目前正在面临着一种困境：一方面企业的内部确实需要改革，要做出新的投资，获得新的收益来源；但另一方面，我到明年就不会再担任公司的一把手。我还有一年的时间，怎样才能既为公司的未来打好基础，又能在离任前做出漂亮的业绩？”

我立刻明白了他的意思。这位经理是个聪明人。他在一年后就要退休了，如果保持现状，只要不出差错就能安然地离开。如果他现在作出冒险的决策，成功了是大功一件，若出现问题或者没在任内看到效果，他的退休恐怕会没那么顺利。他对公司很有感情，同时，也考虑自己的利益。因此，他既希望公司的未来一片光明，又想让自己可以昂着头离开。

因此，我对他说：“没有办法确切地回答你的问题。你只有结合公司的经营情况和风险承受能力，具体判断投资的方向。”

这位经理后来究竟做了怎样的选择？我们不得而知，但无论怎么选择，他都有自己的道理，或者说都是不能责怪的。现在绝大多数的企业在制订目标时，管理者都背负着极大的压力，经营的绩效成为决策者最为关心的事情——这关系到他的切身利益。面对短期目标带来的获益，管理者几乎可以不假思索地做出选择，有时候企业的长期利益就成了于己无关的事情。这和单一项目的投资异曲同工，项目投资人和管理人都有这样的心理，即便长期收益对他是有利的，他也可能缺乏耐心。

但是，一家企业长期目标的实现正是靠这些小的决策和判断积累出来的。今天你做了一个错误的决定，也许短期内看不出有什么问题，长期走下去却可能在未来的某一天遇到大麻烦——美国的次贷危机充分说明了这个道理。贪婪地盯着短期收益，这些小问题会集中在将来的某一个点爆发。这也造成了企业“问题突然出现”的错觉。因此，美林银行在倒闭时的“委屈”华尔街无人愿意倾听，旁观者都十分清楚这些问题是怎么发生的。

那些百年老店之所以长盛不衰，正是因为他们在短期利益和长期利益之间找到了巧妙的平衡。比如，几乎垄断了中国日化消费品市场的宝洁公司，为什么能够成为世界上市值排第六的世界级企业？这是因为宝洁公司的宗旨就是**“着眼于未来”**，为消费者提供第一流的产品，而不是在乎短期的效益。一旦收到消费者投诉，售后部门总是会在第一时间考虑顾客的利益，并把这部分的成本支出视为理所当然。因为企业的利润不是上帝扔下来的，而是由顾客创造的。如果为了保证企业的现有利润就站在顾客的对立面，就违背了企业发展的理念。从长远来看，这是取死之道。

当然，在任何时候，短期利益和长期利益都要兼顾，不能为了短期目标的实现就牺牲项目和企业的未来，也不能为了长远利益而牺牲短期利益去做无谓的冒险。短期利益和长期利益并非总是处于对立，对其中的多数问题，我们都能找到解决的方式。如果两者的矛盾实在无法调和，必须有一方做出牺牲，那我们可以尝试寻找一个平衡点来尽量减少损失。在项目稳定运营时，并不是必然存在“必须放弃投资”的选项。

必要的外包合作方

岳先生是广州中山市的一家日化品企业的老总。在“非典”之前，其企业消毒液的生产方面一直面临着生产力不足的情况，市场的需求很大，但企业供不应求。市场经理建议岳先生找一个可以外包的企业，通过“合资”的方式来扩大经营，好处很多。第一，可以扩大产品的生产；第二，可以弥补资金的不足；第三，可以降低企业生产风险。岳先生听后，答应考虑一下，但这个建议在那次谈话后就搁置了。

作为管理者和投资人，岳先生当然有着自己的担忧。他对外包式的合伙人有着很大的疑虑——担心无法控制对方，以及承担过多额外的成本，影响最终的利润。同时，外包伙伴在经营上万一出了这种或那种的问题，自己还得花费大量的精力去处理。他说：“有这些时间和成本，还不如自己公司努努力，把有限的产能消化一下。”但是，谁也没有料到初春爆发的那场“非典”疫情，使得消毒液市场一下子火爆起来。各大厂商纷纷加大消毒液的产量，借着这次机会，很多不知名的消毒品牌也突然大火了一把，迅速在市场上占领一席之地。而岳先生的企业却在这次机遇中错失良机。由于产量不足，也没有增产计划，他的公司非但没赚到钱，还被其他不入流的企业依靠规模效应挤出了市场。

在项目的投资和企业的经营活动中，我们既要讲独立，也要讲合作。一个人做不了所有的事情，同样，一家企业和一个团队也无法占领所有的市场。当市场很大而你自己的规模和能力又很有限时，可以采取适当的合作、外包等方式来扩大生产量，帮助自己在市场中迅速占有一席之地，也能利用这种方式来对企业的品牌进行扩散式的病毒式营销。只要有口碑，你的产品一定能够打响知名度。像岳先生这样，他的产品明明有很好的市场，却一门心思地单打独斗，就很有可能延误自己企业的发展。

第一，分享利润比“没有利润”好

有时候，你不舍得和他人分享利润，你自己最后就会失去利润。在项目需要你扩大经营，而你暂时又不具备这么大的能力时，完全可以寻找具备一定实力的合作方，实现共赢。通过这种合作，来分配利益，做好这个项目，共同占有市场。

第二，必要的外包合作能够分担风险，同时获得投资者更多的资金支持

不过，这往往也会在项目后期的推出及运营上和对方产生一些分歧。这就要求投资者在项目外包前就与外包的合作方做好沟通，谈好所有的条件，并且签订正式的合作合同。

天津的一家生物科技公司在近期研发了一项新产品，这种产品可以溶解蔬果上面的残留农药。同时，该公司还研发了一种家用检测果蔬农药残留的检测仪，也很有市场前景。但这些产品的生产需要投入大笔的资金，该公司的资金有限，因此，一直没办法正式投产。香港的一位樊先生看到了这个项目，愿意投资3000万元联合投资。对于天津这家公司来说，这笔钱虽然不是太多，却能解燃眉之急。双方很快签订了合同，产品也立即投入了生产。

但是，问题随之而来：在产品问世后，双方对于产品的运营权产生了很大的分歧。作为投资方的樊先生认为自己为这个项目投入了大笔的资金，“产品如何卖”应该由自己说了算。而这家生物科技公司觉得自己是产品的研发方，理应由他们来决定产品的销售。遗憾的是，关于运营权的确定，双方当初没有写进合同。这是一个重大的疏忽，所以两方进行了一场旷日持久的对峙，谁也不肯让步。这么一僵持就是半年，产品的上市计划一再推迟，生产计划也被迫一停再停。这家科技公司眼看着就要面临破产的危局，最后不得不妥协，出让了51%的运营权，大部分的利润都被投资人拿走。

这是一个失败的案例。我们从中得到的教训是，在寻找合作方时必须提前想到，并且制订详细的合作计划，规定所有的条款，明确每一个合作环节的权益归属，以防项目赚到了钱却大都落入了合作方的口袋。在这个大的原则下，尊重对方的意见，在管理和运营上形成优势互补，让合作变成真正的双赢。

第九章

重要部分：项目的执行

◎在项目的实战管理中，我们会发现最悲哀的事情就是自己用最快的速度完成了一件“不该做的事情”。作为项目主管，如果你发布的命令不易理解，就会发出一个模糊的信号，然后产生一个典型的问题：团队用一个正确的方法去解决了一个错误的问题。

◎“影子报告”是我们对项目存在的执行问题的评估。这些评估你可能无法在第一时间看到，因为它是项目的执行者在完成工作后第一时间做出的判断，相关数据很可能只存在于他的电脑之中。但对项目的整体来说，拿到这些数据就是一种非常重要的帮助。当然，这就意味着项目主管必须在自己的团队中发现并且监控所有的“观点传播”，将这些数据收集到手。这就像“打地鼠”游戏，一旦你看到某些影子报告并且抓到了它们，将其统计到数据仓库中，你会发现有更多的影子报告涌现出来。

你赔钱的原因：知道但没做到

在项目的管理过程中，你会发现有很多问题超出自己的想象，其中一个重要的部分就是执行。对任何工作来说，执行都是如此困难，以至于我们会在某些时刻责怪计划太过苛刻了——哪怕项目的计划是自己一手制订的。

1. 懂得大道理，但“百说没有一做”

2012年，有一位在美利坚大学（AmericanUniversity）留学四年的朱先生，毕业后曾经到我的公司短暂工作过几个月的时间。他是一个特别有想象力的年轻人，对于市场开拓和项目的管理计划有着自己的想法。因此，他到公司不到半个月的时间，就提出了一个方案。他自己独立设计了一个课程，并且希望由他来负责项目的执行。朱先生将方案发给了市场开发部门的主管，然后，该主管出于推荐人才的目的，又将文件转发到了我的邮箱。

在这份不到一万字的方案中，朱先生一针见血地指出了公司当时存在的问题和项目开拓方面的不足之处。当然，他提出了一个非常符合市场实际需求的计划，希望自己去操作一个课程。他认为自己有这个能力，同时也很自信。

一个年轻气盛的优秀人才，项目计划也做得很好！这着实让人兴奋。经过管理层的简单交流，数天后，我们破格任命朱先生为洛杉矶地区市场部门的副主管，由他自己组建项目团队，拟订详细的执行环节。这对他既是机遇，也是考验。因为一个培训课程的项目执行并不简单。主管除了组建团队，招聘组织课程的服务人员外，还要单独跟公司的培训顾问、当地大学的教授深度交流，了解他们的想法，结合市场信息、学员需求来制订具体的行动方案——这份方案才是我想看到的。

但是一个月后，当管理层让他汇报这个项目的执行情况时，得到的反馈信息却让人大跌眼镜：朱先生的团队还没有什么实质性的举动，仍然每天讨论项目的具体细节，并没有落实到执行层面。

朱先生有名牌大学的求学经历，有刻苦的学习精神。他懂的知识很多，对市场也有自己成熟的理解。他甚至有些完美主义，对工作的要求极高。但百说不如一做，我发现他就是那种始终在调整思路、却难以采取有力行动的项目主管。因此，作为考核的一部分，这个项目的失败基本葬送了朱先生在公司的前途。他可能是一个思维活跃的人，能够精准地发现问题，但他对执行的拖延和做事后继乏力的性格，决定了他不是一个可以担负大任的“人才”。所以，在公司工作满5个月时，他主动提出了辞职。作为项目的负责人，他空有美妙的想法却无法落实，令他自己也感到心灰意冷。

2. 违背项目原则，一步走错步步错

一个不执行或者执行缓慢的项目注定是赔钱的，但这种情况的后果还不算严重。对项目经理来说，最大的错误是你在执行过程中违反了既定的项目原则，偏离了方向。那么，到最后，你会发现一步走错，步步皆错，结果与计划有天壤之别。这时，想不赔钱也是很困难的。

3. 用感情替代理智，作出错误决策

还有一些人，他们在投资做生意或者管理一个项目时感情用事，缺乏严谨的商业思维，把经营管理视为感情投资的工具，作出错误的决定。这种思维主导下的执行力，会给他的事业带来严重的危害。比如，前两年国内发生的一个案例：一位名叫郑嵩的年轻人和孔先生是好朋友。这两个人各自经营着自己的小公司，在生意场上齐头并进，形成良性的竞争，谁也不输给谁。2015年年初，郑嵩打算扩大一下公司的发展规模，进一批新的设备，开拓新的项目。他跟设备供货商那边约好，先支付定金，剩下的在两个月内付清。一切本来都在计划之中，他的执行力也非常强。

然而，就在这时，那位最好的朋友孔先生却突然打来了电话，希望能从他这里融到一笔资金。孔先生最近也新上了一个项目，但因为资金周转不过来，已经拖欠供货商好几个月的货款。银行也因为他的项目风险较大，不准备提供贷款给他。供货商那边不停地打电话催促，并且警告说，如果孔先生在一个星期内不结清款项，就不再为其供货，并且，要走法律途径让其支付巨额的违约金。

郑嵩听到这个请求后，感到左右为难。一方面，公司的账上确实有一点钱，但那是为支付设备尾款准备的。这个钱不到万不得已绝对不能动。万一动了这笔钱，自己的项目就很难执行下去，将有可能遇到危机。另一方面，孔先生是自己的好友。他此时又有困难，而且是一个生死攸关的大麻烦。自己如果不伸出援助之手，恐怕有损于两个人的友情。郑嵩想到这儿，就把自己的为难之处告诉了孔先生。孔先生拍着胸脯向他保证：这笔钱一定会在两个月之内准时归还。郑嵩左思又想，虽然充满担忧，但最终还是选择了成全友情，把设备尾款挪了出来以供好朋友救急。

当这笔钱借出去之后，事情逐渐发生了改变，远远超出了两个人的预想。眼看着过去了一个月，孔先生的项目却一点起色都没有。他借来的资金全部投入进去，却全然不见收益。此时，他想把项目甩掉变现，也完全没有机会。郑嵩看在眼里急在心上，自己的老本可都借给了孔先生！为此，郑嵩时不时地打电话催促孔先生还钱，因为自己的项目已经面临很大的危险。孔先生起初还信誓旦旦地保证一定准时归还，在两个月的时间即将到期时，却突然不接听电话，干脆人间消失了。

有不少投资者和企业家都向我反映过这种情况。在资金的管理中，他们没有严格地执行项目计划，有时会过多地用感性思考问题，而不是“项目思维”要求的绝对理性。这个案例中的郑嵩犯下的最大错误，就是以侥幸心态对待项目的执行，从而做出一些冒险行为。在我们统计和调查过的失败案例中，最近5年有12%的失败项目，都在执行过程中发生了“资金挪用和暂时抽离”的情况，不仅没有救活其他的项目，反而耽误了当前业务的发展。

项目98%的工作都与执行有关

执行力很重要，这是一个百年不变的话题。可以这么说，一个项目的成败经常不是取决于你的方向对不对，而是看“执行”得是否到位。因此，很多企业都会定期地对项目团队和部门的员工进行执行力培训，提高主管人员和项目成员的执行力。我们都知道，如果在执行环节出现了问题，项目的实施就很困难。但假如团队的执行力特别强，即便项目的制定有所瑕疵，这些可能发生的问题也会因为团队超强的执行力变得微不足道。

在具体的操作中，都是哪些原因影响我们项目的执行呢？

“命令传达”模糊不清

在项目的实践管理中，我们会发现最悲哀的事情就是自己用最快的速度完成了一件“不该做的事情”。项目主管发布的命令如果不易理解，被手下误解，就可能产生一个典型的问题：团队用一个正确的方法去解决了一个错误的问题。

安德森因为公司的业务问题，需要经常给重要的客户打电话进行远程协商。而他的办公室有点过于“宽敞”，电话离办公桌的距离较远。所以，他常常为了接电话而不得不立刻放下手头的事情一路奔跑过去。为此，他给助理下了一个命令，要求在5米之内必须能够让他接到电话。

这名助理的办事效率向来是很高的。第二天，安德森的办公室里就换上了一部崭新的电话，摆在了他的办公桌上。这样他就不用离开很远去接电话了。

助理开心地站在安德森的办公桌前等待表扬，安德森却差点气歪了鼻子：“天哪！你在电话机的上面安装了一条蛇吗？那一堆有十几米长的电话线是怎么回事？我要的是一部无绳电话，听清了吗？再说一遍，无绳电话！”

看，这就是发布命令时“定义不清”的问题。安德森的需求未能准确地表达，所以他的助理得到了一个比较模糊的指示，并且得出了一个很坏的结论。安德森的真正意思是，他想要一部在哪儿都能打的电话，而助理的理解却是一定要够5米长，能够让老板伸手就能拿到电话。按照这个理解，她换了新的电话机，并扯上了一根更长的电话线。

权责不平衡

健康的团队中，权力和责任同步存在，互不分离。不过，在日常的管理工作中，我们总能看到拿着文件不停地请示上级的项目经理。甚至客户一个小小的意见，他们都要对客户抱歉地说一句：“稍等，我向领导请示一下。”“给我一天时间，我要等老板的回复。”这种情况下，项目经理的权力被弱化。虽然名义上他“全权负责”一个项目，但这是针对他的责任而言。在实际的工作中，项目经理并没有什么决定权，在要做一些决策时，就需要向自己的上级汇报，等待上级裁决他该干的和不该干的事情。

当项目主管人物的权责不平衡时，他的执行力就非常有限了。这就导致项目经理很委屈，当然也十分无奈。“特别是在审批一笔资金的时候，如果项目经理提出的预算超过上面的计划，项目经理通常没有什么选择，要么勉强接受，要么一些活动就会被砍掉，严重影响最后的执行效果。”一位房地产公司的项目经理说。

项目主管自然是一个很重要的角色。因为他是项目的第一负责人。如果这个角色没有充足的决策和执行权，权责不对等，就会导致项目出现问题时无人当场做主，事后问责也会遇到麻烦。因为项目的主管人员完全可以将责任推到自己的上司身上：“对不起，这件事我没有权力，不是我的决定。”但他的上级又可以反过来推诿到项目的负责人身上：“是他执行不利，与我无关。”到最后，一个项目失败后完全找不到直接的责任人，受损的是投资人和企业。

“计划不周”的执行障碍

前一阵子，我应邀去中铁建设（CRCC）做一次讲座。在研究了该公司在沙特投资的轻轨项目巨额亏损的原因之后，我发现问题远比报告中反映出来的严重。从项目的设计开始，整个设计图只有一个整体的**“漂亮概念”**，具体的实施方案却**“一片空白”**。项目的计划没有考虑到当地的地质条件，土质比预期更要复杂，施工的难度非常大。所以执行起来后，项目的预算资金一再追加，远远地超出了预期；还有其他一些政治因素的影响。这些条件归结起来，造成了项目的停滞和亏损，但究其原因，是项目计划存在漏洞，计划不周，这样一来就会拖累执行。

1. 缺乏数据参考

国内的很多公司在做项目的计划和安排执行时，对于数据的重视程度几乎可以用“忽略不计”来概括，很多项目计划的制订都仅仅靠人力的估计、猜测、单独区域的走访调查等陈旧的方式，缺乏可靠性。当然，这也与相关的公司缺乏历史数据有关，过去的数据不是来源于公开的权威渠道，也没有经过市场的验证，自然也就无法成为参考依据。

这一点，在项目的“工期预估”上体现的最为明显。例如，绝大多数的项目都存在工期延误的问题。最主要的原因就是对于过往“加班数据”的忽视和对团队的工作效率客观评估的忽略。由于国内对加班付薪执行的不够严格，很多员工在加班时并不能得到薪水。因此，当员工自动加班的时候很少纳入数据统计之中。在日后的项目计划制订中，管理者总是参考正常的工时，没有把加班时间计入在内。那么，项目的进度计划就会出现偏差，执行起来便遇到了麻烦。

2. 不重视细节预案

在为项目做计划时，如果只有整体方向，没有细节预案——对项目执行中可能遇到的问题拟定应对方案，等到问题真的发生了再去处理，就会导致项目的进度出现延期。另外，对项目的成本也要做出详细的计划，而不能只依靠估算。现在，有些项目管理者只知道坐在办公室里拍拍脑袋，不参与到项目的具体活动中，经常忽视了细节计划的制订。当执行中出现细节问题时，他才猛然意识到这些问题会对项目的完成造成巨大的破坏，但此时再努力纠正便为时已晚，项目的风险已经发生。这种不确定的问题假如不在计划中制定应对策略，项目的执行就很难有好的结果。

3. 把“类比估算”视为正式计划

有时候，项目的主管人员会被要求做出“类比估算”——依据这种类比的粗略计算，去为项目的决策提供依据。“这个项目是做或不做？类比一下就可以了。”类比是一种非常重要的思维，但它仅适用于宏观的预测阶段，而不适宜于制订项目的执行计划。类比估算的准确性不会超过60%。有时这个准确比率还是负的，比如错误程度会达到“-25%”以下。所以在任何时候，都不要相信一份估算出来的计划——这样的计划往往是无法执行的。到最后，你会发现，“类比估算”让项目成了一个“碰运气”的目标。

项目团队的组成不合理

项目团队成员的建设，决定了我们工作的上限。人员的配备不合理，也会导致项目计划的失败和无法执行。有不少项目经理都遇到过类似的问题：在需要特殊技术人员的时候才发现——自己根本找不到合适的人才；想要某个部门协助的时候才发现——这个部门的人员使用率已经达到了最高的极限。项目启动前，就要解决这个问题，为接下来的高强度工作配备好充足的人员，并且，要保证这个团队的人员构成是合理的，能够紧密的协作。

一个高效能的团队，它依赖于成员之间的分工到位、相互协调、各司其职，但多数的团队人员构成却总是达不到管理者和投资者的要求。因为项目团队的组建通常是出自于公司各部门成员的组合，每个成员来自于不同的部门。在这种情况下，项目一结束，这个团队就会解散，加上项目经理的权力有限，对于团队成员的奖励和处罚并没有什么决定权，这就导致成员没有归属感，自然也缺乏忠诚度和执行力。

作为项目的管理者，你一定要意识到这一点，并且善加调整和引导。既然团队的成员可能是不固定的，就要针对项目的不同进度，分阶段地进行人员的配备和调动。如果这一环节中某位成员的任务结束，就要令其返回原岗。如果有其他的人员需求，也要及时地补上。重要的是，你必须让团队始终保持人员的充足。

项目缺乏监督和跟踪

在项目执行的过程中，你要想到一个必然发生的事实：执行肯定会遭遇到某些阻力，或是因为计划的变动，或是因为细节的问题，或是因为人员的因素。问题可能出现在方方面面。这时候如果没有监督和跟踪，执行的方向可能就此偏离计划。如果问题迟迟得不到解决，有的人甚至会出现破罐子破摔的情况："工作开展得这么不顺利，我只能得过且过了。"

执行的失败通常源于这些意想不到的细节因素。既然计划总会出现问题，那么，就不如不做计划吗？如果你抱着"走到哪儿算哪儿"的心态做项目，结果可想而知。整个计划就都脱离了最初的目标，很容易半途而废。所以，必须用严格的监督和跟踪机制来保证执行的落实，让每一名成员都精确地开展自己的工作。

执行态度有问题

北京中关村有一家专门提供网络安全服务的公司。有一次，因为客户的安全系统出现故障，公司派了一位“技术大牛”前去解决问题。一个星期后，客户就打电话投诉到公司经理办公室，说安全问题根本没有得到解决。经理一听，不敢马虎，赶紧派了另一位资历更老的技术员前去救场。又过了一个星期，问题还是没有得到解决，但客户在投诉的时候态度明显好了很多。

为何会这样？当经理向客户询问缘由的时候，客户给出了这样的答案：“不是不相信贵公司的技术，而是你们的技术人员服务态度有问题。第一次派来的工程师整天闷头忙他自己的，从来不跟我们通报问题进展。每次问他，他只是说‘还不行’，别的一句不肯多说。第二次派来的工程师就很好，虽然问题也还没有得到解决，但他每天都向我公司的负责人员通报，这样我们心里有底！”

在客户眼中，**执行的效果**固然重要，但**执行的态度**也是一个重点关注的方面。有些项目提供的产品就是为客户服务，客户自然把我们员工的服务态度视为头等重要的大事。所以，对企业负责人和项目的管理者而言，不但要通过提高技术水平，增强执行效果，也要以良好的态度贯彻项目的执行计划——既要做出令人满意的产品，也要有卓越的工作态度。

最后，如何才能增强项目的执行力，提高团队成员的工作效率呢？

1.要在项目中明确自己的定位

项目经理在项目的进行过程中担当的角色应该是指导和监督，而不是替代手下的人去做具体工作——那是苦力，不是领导。但很多项目经理对此虽然很清楚，他知道自己的角色，在实际执行工作中却又控制不住地深陷其中。这是分工不明确、权责不到位的表现。管理者要学会控制自己的**“行动干涉力”**。即，你可以告诉员工怎么做，但不要自己花费精力去替他做，要加强集体的执行力，而不是你自己的。项目团队中的每一个人都有自己的定位和分工。如果你过多地“事必躬亲”，就会导致人浮于事，使你的下属失去独立性。

2.要在有关执行的计划阶段深度沟通

计划没有沟通，就没有可行性。执行之前没有沟通，做起来就会遇到问题。任何项目的顺利执行都基于一份可执行的计划。如果我们的计划根本不具备可行性，那就永远只能停留在计划的阶段。

所以，在制订项目计划的初期阶段，项目主管就要主动地与客户沟通，最好是带着团队已经拟订出来的初步的计划书让客户过目，确认计划中存在哪些问题，客户那边的意见有哪些，然后重新调整修改，直到对方满意。一般情况下，这种沟通和确认需要客户一方的项目主管参加。没有相关权限的人员即便提出了意见，也不能视为客户的最终想法。

3.要“提前跟进计划”而不是“秋后算账”

通常情况下，不少项目的管理者会在任务收尾后才进行跟进。这种事后追责的方式存在着很大的问题，因为此时项目的工期已经截止，进入验收阶段，一旦出现大的问题便不容易纠错。多明戈评价说：“秋后算账的主管人员不明白，一项工作做得如此糟糕，其实是他自己的责任，而不是员工执行不力。”

我推荐给项目主管的做法是——提前跟进。比如，在一个项目的开展中，你交代给团队成员某一个任务，要求他一星期内必须高效地完成。当他开始工作后，你应该在任务下达后的第5天、第6天就跟进，甚至要提前到第3天，向任务的负责人确认工作的进度和完成状况、是否存在问题等。如果成员认为工作有很大的难度，或者有延期完成的可能，就要抓紧时间督促进度，令其在规定时间内保质保量完成项目的收尾，或者视具体情况来适当地宽限几天时间。

不论如何，用“提前跟进”的方式监督执行，管理者能够做到心中有数，不至于出现临时抓狂的情况。

4.要设立责任人跟进制度

事实上，你会发现能够按照计划顺利完成的项目是“少之又少”的，项目管理者几乎无一例外地在不断地调整计划。导致计划延误的原因很多，有客观的、主观的、人为的因素，也有简单和复杂的“执行故障”。那么，我们该如何来解决，或者说面对这些层出不穷的执行问题呢？

我推荐项目主管采用的是“责任人跟进制度”，这是最平常的方法，但最为有效。比如，你交代下去一个任务，收尾时间到了以后，有少数的几个人未能按时提交任务的结果。这时候，你就要找到这次“事故”的责任人——而不是马上向客户争取时间。你要让相关的责任人向你汇报，询问其客观和主观的原因。出现这种情况时，责任人一定会有诸多的理由，管理者要做的是撇开这些理由，向责任人重新确认时间，给他一次机会，但同时让他自己做一个保证：如果到时还完不成任务，他将承担与其有关的一切责任。作为主管人员，你对他没有任何理由姑息纵容。

5.要在每一个环节都树立项目管理者的权威

在执行中，项目管理者要起到带头的作用，言出必行。如果你安排下去的任务和计划因为遇到了很大的困难而遭遇挫折，绝不能轻言放弃，更不能对项目成员表达“差不多就行”的意愿。管理者的权威就在于严格执行制度，带头自我约束。即便一个项目不可能获得“完美的结果”，项目管理者也要尽量地要求“完美”。

例如，对于未能按时完成任务的责任人绝不要轻易“放过”，事后一定要严加追责。长此以往，团队成员就会形成强烈的自主认知。只要是你发布的任务和计划，他们就明白必须得保证完成，否则，就会“吃苦头”。如此一来，你树立了个人权威，项目团队的执行力自然也会提高。

按时、按计划、按预算执行

项目的执行有三个标准：

第一，按时间。

第二，按计划。

第三，按预算。

再好的项目计划书，都不能忽视对这三个条件的分析和规定，任何一个环节都不可以出现超出评估范围的变化。在关注执行时，我们要鼓励团队的成员发挥自己的创造力，做好充分的市场调研，敢于竞争。但与此同时，内部的时间与成本预算更为关键，要让每一步执行都在公司的控制和可接受的范围之内。

在公司刚创办的前两年，我曾经一度遵循严格的计划管理方法，制订详细的计划表格，做精细化的管理，像一个得了强迫症的病人一样极其严厉地要求各部门的主管人员上交完美的项目计划书，并要求他们精准做到。然而，这种做法并没有让执行变得顺利，反而使项目的管理工作变得很难向前推进。项目的计划书整齐地摆放在桌角，团队成员见了我就灰溜溜地躲开。

这时，我意识到，一定有某种原因致使管理计划与项目的执行脱离了关系，所以工作变得混乱不堪。一直过了很长一段时间，我才在厚厚的“失败经验簿”上找到了其中的原因：总会有这样或那样的插曲打乱我们的计划，拖延时间和增加预算。如果我们能对这些意外加以科学合理的计算和控制，项目的整个执行过程还是能够尽在掌握的。

1. 拒绝客户“无休止”的修改意见

一些类似于软件开发类和创意类的项目是“无休止”的修改意见的最大受害者。如果你选择了这样的项目，会发现有很多的精力和资源都投入到沟通和修改之中。甲方频频地要求修改，这导致计划无法按时完成，甚至无限期拖延项目的进度。它的收益也未必就高于那些技术含量较低但周期较短的项目。

有一位在广告公司上班的吴先生抱怨：“我最害怕客户对我说一声‘no’，经常一个广告做了七八个创意通通地被他否决，结果最后客户还是选了第一个方案。这是最气人的，但几乎每次都这样。我加的班比谁都多，但因为延误计划被扣的奖金却也更多。我感觉很委屈，做这种工作有意义吗？如果我当老板，我一定不做这些项目。”

对于这种经常出现计划变更的项目，经常是客户那边想改就改，需求不断的变化，并且没有规律，也没有固定的标准。而项目负责人又不知如何拒绝，往往是无奈地一次次答应客户的修改要求。一次修改耽误的时间也许并不多，但积少成多，项目的进度最终被打乱了，工作无法按时完成就成了家常便饭。

2. 不要乐观地估计项目的进度

二八原则同样在项目计划中得到了体现：

我们80%的工作可以在20%的时间内完成，而剩余20%的工作则需要80%的时间。这个80%的项目内容不一定都是在前期，而可能是分布在项目的各个阶段。不过，剩余20%左右的项目内容大部分是在后期。

那么，到这时候，项目的参与团队很容易产生一种错觉：只剩下20%的工作了，进度这么快？我可能提前完成任务。但事实情况是，这部分工作通常是整个计划中最难啃的硬骨头，偏偏出现在最后阶段，导致任务重和时间紧。如果不控制好进度去攻克难关，就会出现项目延误和导致整个执行计划的失败。因此，在评估项目的执行进度时，不要有任何乐观和侥幸的心理，必须对困难有充分的分析，并为此准备足够的时间和资源。

3. 做好资源的备份

在项目的执行过程中，有些成员可能会“身兼数职”，分配许多不同的任务。他们经常会出现被调往其他岗位的情况——如果只是短暂的借用倒也无妨，但这些能干的员工有时会遇到在其他项目中难以抽身的状况，原来的项目岗位一时找不到合适的人员顶替，这时就会造成原项目环节的资源缺失，从而影响正常的进度。

还有一些项目，它对于信息的需求量很大，需要在互联网平台的帮助下随时更新信息。如果客户不能准确地提供所需要的资料，等到需要派上用场之时，临时再派出专门人员调查收集，时间可能已经来不及。这就会对计划的进度造成很大的影响，也是影响执行的一大原因。

4. 确认信息的准确性

收集和确认真实的执行信息，是项目主管面临的普遍难题。当你询问进度的时候，成员可能会掩盖自己目前的真实处境。因为他们惧怕受到责怪，他们会隐瞒自己实际的工作进度，报喜不报忧，只把做好的样子展示给你看，或者虚报工作进度，例如将20%的完成度汇报为“90%”。假如项目主管不能及时察觉，就会得到一个虚假的信息，从而盲目和乐观地估计了项目的进展。

5. 把未来的变化因素考虑在内

“执行计划”之所以仍然是计划而不是结果，是因为未来充满了各式各样的不确定性，但仍然有不少管理者一厢情愿地假定——**我的项目未来不允许出现任何差错**。然而，风险、人员离职、资金不足等问题不可避免，如果在假设员工不会生病、资金不会短缺、没有风险因素的前提下制订计划，计划必然会失败。

你的项目“执行官”是谁

确保项目的执行顺利始于我们对责任人的安排，并且获取他的承诺。我一再对野心膨胀的投资者说：“选择一个赚钱的项目并不是最要紧的事情，为你的项目找到一个得力的‘执行官’才是稳妥之举。”有些投资者喜欢自己执行，事事关心，但又事事抓不住重点。**由老板亲自负责的项目团队往往具有最差的执行力**。即便是乔布斯那样的人物，他也会安排许多分管不同任务的项目主管来当他的“创意执行官”。

当任命了执行官之后，你还需要确保项目任务的可视化并且要跟踪任务的执行情况，在执行中验证项目每一个环节的“计划可行性”。你还要设置一套精细的管理办法，因为你不可能对所有的项目都采用同一种模式进行“执行管理”。例如，我们对于小型项目和大型项目就要有差异化的管理。

用白板会议检查执行情况

有些“迷你项目”的周期较短，资源占用较少，人员配备需求少，通常做下来不超过半年。这种项目最好选择有过类似项目经验的成员去做——我们不必选择团队中的高级执行人员，从基层员工中提拔有经验的人员即可。

管理这种项目不需要每天大张旗鼓地开会，也不需要让执行官随时向你汇报。你可以采用一个比较适用的办法：**10分钟站立会议**。就像每日固定的“员工早操”一样，项目成员不需要像往常规规矩矩地坐在办公室里，通常是站着围成一圈（可选择户内，也可以在户外），快速地交流自己的工作进度。由于会议时间限制，每个成员在陈述自己的问题时要言简意赅、清晰明确，准备好再发言，以免耽误其他成员的时间。

我比较喜欢的检查执行进度的方式是**“白板会议”**，即在标示团队任务进度的白板前开会，这样每一个成员都可以看到项目计划的主要目标，进度到了哪里，需要注意的问题是什么，避免后面的工作偏离了方向。

“执行官”的任务清单

大型项目通常周期较长，有的可能需要几年时间才会完工。对于此类项目，成员需长期跟进，项目主管人员一定要做好任务分配，以免发生错乱。在下面的任务清单中，你可以看看自己需要注意哪一方面的内容，并且勾选，重点提升“项目执行官”这方面的工作能力。

1. 追踪任务的分配和执行情况

设定工作流程的标准。对于任何一个员工的工作都严格执行一种安排：责任人做出承诺，项目执行官参与监督，对责任人的工作任务进行跟踪；责任人提交任务进度、工作截止和收工情况。

收集并保留有关项目的所有数据。这一点是我们要着重指出的，国内大部分企业都基本上没有收集数据的习惯。他们宁可从外面购买大公司的项目数据，也不喜欢自己总结项目执行过程中的信息。但我们提倡的这种看似无意义的行为并非是在浪费时间，而是在为以后的同类项目做参考。尽管有些管理者做了一些收集数据的工作，但那些工作往往是没意义的。有价值的数据要明确到数字，比如延期几天、问题需多长时间解决、增加哪方面的关键人员（需要几个）、加班的工时等，而不是“还好”“挺顺利”和“可能要延期”等这一类的模糊定义。

提前追踪“截止日期”。这一点我们在前面已经提到过，对于项目的截止日期，管理者和执行官要做到实时的监督，不能到临界点才去追踪和审查任务。值得注意的是，管理者在和基层员工沟通时要注意自己的态度，在保持关注的同时，切记态度温和，不可急躁催促，否则，会造成成员的情绪焦虑，使原本的工作变得不顺利；也不可过多干涉执行官对于项目优先级的自主安排——你只需要掌握实时的进度状况就可以。

若计划可能需要延期或已经延迟，立刻沟通。这时，项目的管理人员要及时与责任人沟通，促其尽快完成，并综合审查项目的进展，判断延误可能带来的损失。

2. 项目的预警

对项目的逾期做出精准的判断。在员工能够获取信息的公共系统中公示进展中的任务和逾期未完成的任务，以此对项目成员起到提醒和警示作用。但对执行官来说，这是远远不够的。他需要随时判断项目未来的走势：资金的投入是否足够，研发的速度是否超出了预期？如果项目有可能延误，产品会推后多长时间才能面向市场？对这些问题，执行官要做出及时和准确的判断，并向项目的最高负责人汇报。

第一时间预警。而且，一旦有风险将要露出苗头，尽可能第一时间解决，切勿演变成事实后才去想办法补救。如果问题已经出现，就要抓紧时间研究解决，在与成员讨论研究后修改项目计划，采取有效的策略来修正错误。

如果问题不能解决，应该怎么办？如果延期的项目在执行修订计划后仍然可能无法实现，已经影响到了整体的盈利计划，恐怕就要对项目团队施加更大的压力，即把任务延误情况通报给项目团队的上级领导。一方面，可以对具体的负责人施加压力，督促其加快工作进度；另一方面，可以获得更多的资源援助。通常情况下，如果问题能够在基层解决，项目的执行官不需要轻易地使用这种方法。项目责任人获得的权力保证了他有义务来解决这个问题。当问题实在不能解决时，作为项目的投资人或最高管理者，你这时就要果断地介入指导。

3. 监督工作的收尾和关闭

确认项目的完成。“执行官”要明确地判断项目是否已经完结，以及是否还存在其他的问题？例如，有没有需要修改的地方，预算的使用情况，客户是否满意，盈利如何？如果不能带来盈利，那么，项目的完成就是“失败”的。

项目的公示。在一个较大的团队中，我们要把完成的工作公示给项目的参与人员，并让企业的每一个部门都了解这个项目的完成过程。“公示”非常重要，它可以提高项目成员的自豪感，同时，给项目成员造成一种考核和监督的心理压力。

用大数据评估项目的结果

高德公司在波士顿地区的市场调查主管埃里克（Eric）说：“十分具有讽刺意味的是，人们在投资时对市场的一切都要评估，恨不得收集30年前的市场数据用来预测未来，却没有一套有效的方法来评估自己的效率和项目的完成情况。”

这句话是我询问埃里克如何评估思维培训项目的数据分析团队的成功时他的回答。2015年3月份，埃里克从洛杉矶调到波士顿分管市场调查工作，但他最感兴趣的部分是我们的项目完成后在市场上的反响。他既是市场分析的专家，也是公司的首席数据官，非常喜欢用数据评估一个项目的完成质量。

埃里克表示，关于项目的成功，有一个数据值得我们注意，那就是客户公司在自己内部的管理会议上提到我们项目的“次数”。作为服务性产品，客户的满意度会在提到你的次数中表现出来——当然也可能是更糟糕的结果，因为他也许是在批判你。如果对方业务部门的负责人告诉你，他们昨天再次肯定了培训课程的积极价值，这几乎意味着，我们要准备好接洽下一个项目的合作了。这说明，客户把你视为战略性的合作伙伴，表明我们做得不错。

对于大多数项目操作人来说，不管你是卖汉堡还是投资股票，成功的评估通常都是后话。但它可以作为下一个项目或者你继续拓展市场的参考，而且，相关的数据一定是昂贵的商业机密。如果条件允许，你准备如何评估自己的项目？

“项目的执行评估”是衡量我们的规划、项目执行、市场回报等一系列业务流程的必需步骤。通过准确的评估，我们可以看看自己是否实现了预定目标。对执行效果的评估主要包括分析目标和指标的实现程度。比如，我们卖汉堡的目标是每月1万个，均价20元，评估应该通过月销售量与价格的对比来衡量结果。如果总收入低于20万，目标就是失败的。我们投资一款医疗产品的目标是减少某种传染病的发病率，那么，就应该通过年发病率与项目初期的年发病率进行比较来衡量这种产品的效果，进而判断产品的价值。

1. 用数据追踪产品使用率

许多成功的项目经理都会收集产品的使用率数据，来评估项目的绩效与价值。以APP产品为例，可以监控有多少用户下载到手机上，他们登陆的频率，使用的时间，查询和更新的次数等。这些次数代表了产品的价值，也和项目的成功息息相关。不过，很高的使用率并不一定代表项目获得了非常大的价值，因为我们还要统计用户的使用时间——1万名用户平均登录10分钟和平均30分钟在线的价值是远远不同的。后者的数据才说明我们的项目是成功的。

2. 市场反馈调研

市场反馈数据是否一定是真实的？大多数项目主管投入精力进行市场调研的效果如何？不幸的是，在我们看来，在市场调查时愿意说实话的用户是很少的。比如，你的汉堡这个月只卖了3000个，但是，去街头做问卷调查或当面采访时，人们往往会告诉你“味道不错”。事实上，或许“难吃死了”才是真正的答案，然而，他们不会当面说出来。因此，大数据评估的优势这时就显示出来了，你可以向用户发送电子问卷，请他们不必当面说出感受。这时，调研的准确性就有了大幅度的提高，你能从中得到有参考性的真实数据，进而改善自己的服务。

从另一方面来说，我们在电子问卷的调查中设置的提问方式也决定了结果是否中肯。例如，你不能只给参与者“好”和“不好”两种选项，应该提供一个中间渠道，让他们说明理由。不是好评就是差评的反馈是不够中肯的，无法体现真正有价值的信息。

3. 用户评价信息的收集

为了让用户的评价变成有价值的数据，我们要用一个有效的分类把它们收集起来。埃里克的办法是，他在团队的项目报告中加入社交媒体的评价，利用社交媒体的调查和反馈，来中和公司内部的问卷数据。这样一来，我们同时从不同的来源和角度获得了两种数据。第一种数据是用户的直接评价，企业的专业评论和态度；第二种数据是媒体的倾向性和对市场的分析。每一份报告的价值、经验和主观数据都是有用的。埃里克甚至还拿到了媒体记者的报告草稿——那里面有许多对我们不利的信息。这对项目的改进大有好处。我们能看到一些最激烈的批评声音——虽然这种声音从来没有出现在媒体的版面上。我们接下来的任务便是，用富有诚意的沟通和更好的服务让它从记者下一次的草稿中消失。

4. 影子报告：项目的数据仓库

“影子报告”是对项目团队内部存在问题的评估。这些评估主管人员可能无法第一时间看到。例如，项目的执行者在完成工作后，会对自己的工作和这次项目的效果有一个客观或主观的认识，这些数据很可能只存在于他的电脑之中。但对项目的整体和你未来的事业来说，拿到这些数据就是一种非常重要的帮助。当然，这就意味着项目主管必须在自己的团队中发现并且监控所有的“观点传播”，将这些数据收集到手。这就像“打地鼠”游戏，一旦你看到某些影子报告并且抓到了它们，对其进行分析统计并收入到数据仓库中，你会发现有更多的影子报告涌现出来。

5. 成本总结

优秀的项目主管和投资者会追踪决策制定的成本，以及项目的执行共计花掉了多少资金。成本控制也是项目成败的标准之一，你可以在评估之前，先设立一套成本原则，然后用冷酷的态度对待每一项成本的支出——花钱太多而盈利太少的项目必须砍掉。就拿卖汉堡来说，如果你设定的原则是“每月不能低于2000个，成本不能高于每个10元”，那么，超过这个成本和低于这个销售数量后，你就要考虑是否结束这个项目——当然也应该观察市场的变化。但总的来说，最后的成本支出和收入数据的对比，是我们评估项目是否成功的关键因素。

简而言之，大数据可以让我们从项目的终点回到起点。埃里克说：“这就像一个大大的圆圈，把我们带到了一个最简单的商业逻辑——**任何投资的成功都是由数字体现的，而不是人心。**”大数据对项目的评估也许不是一个最科学的方法，又或者它看起来有一点自大——数据认为自己能够说明一切。但至少在我看来，它是目前最客观的能够评估项目价值的最佳策略。

导致项目失败的7个执行因素

第一，陌生的行业会让我们寸步难行

在国内某个小镇，一位做水产养殖的陈厂长一直想扩大企业的规模，多赚一些钱。每次去别的地方考察，看到别的公司都有很多的项目在并行投资，陈厂长就心急不已。这次，从一家服装厂考察回来，他实在按捺不住自己的

冲动，决定月底就上一个服装加工项目——扩大规模，多元发展，分散投资风险。

但是，隔行如隔山，陈厂长从来没做过服装行业，对这个行业他是一窍不通。而他的水产养殖经验又与服装行业完全不挂钩。结果，没做多久，他的服装厂就因为出货发生问题歇业了。前前后后不到一年，资金搭进去不少，非但没有分散风险，还耽误了自己养殖公司的发展。

没有哪个投资者不想多赚钱的，有市场前景的项目当然是越多越好，但陈厂长却错误地选择了一个陌生的行业。对行业不熟悉，那么，项目再好，执行起来也会困难重重。有一条投资定律是：**做熟不做生**。这是一个普遍适用的法则。盲目进入自己不熟悉的新行业，既会让你在过去积累的经验发挥不出来，又可能浪费自己的时间，损失宝贵的资金。

第二，对自身的实力认识不足

MP3曾经在全世界风靡一时。十几年前，我们走在大街上随处可见塞着耳机听歌的年轻人。由于当时MP3的市场前景非常看好，河南的一家企业决定从生产冰箱改做MP3。但问题是，MP3的投入需要一笔非常大的资金。这家企业费了很大的精力总算筹集妥当，终于投入到了这种流行产品的生产领域中。

这时，距离MP3之风刚刚刮起的时候已经过去一年半多，市场上MP3的品牌如雨后春笋般纷纷冒了出来。诸多的相关企业同时争夺和抢占一个市场，已经不再是一家独大的局面，现在进场比拼的就是谁的价格更低。于是，河南这家企业被迫加入了这场与价格有关的泥沼之战。产品的价格一压再压，仍然有对手出来继续向下降价。在卖出了第一批产品之后，这家企业的MP3就滞销了，因为其他公司把价格压得太低，如果他们也卖这么低的价格，根本没有利润。这次转行投资令这家企业元气大伤，不到两年的时间，就从市场上销声匿迹了。

如果一种产品特别赚钱而所需的技术要求又不太高，肯定会有一大批的投资者跟风，其中不乏有实力的投资机构。在这种从众效应的引导下，这种产品的市场很快就会达到饱和状态。一旦达到饱和，必定会产生大规模的价格战。这时考验的就是投资者的经济实力和营销能力。假如资金不足，营销力度又不够，结果就是必死无疑。因此，投资者应该冷静地评估自身的实力，对市场保持清醒的认识，同时，也要认清一个项目的本质，防止陷入这种血腥的价格大战。

第三，没有根据市场的变化调整策略

湖北的一家塑料厂正在筹措一个新项目。这时，工厂的市场部经理得到了一条比较靠谱的消息：本地积极响应国家政策，要严格治理污染与环境问题，所以可能要对塑料加工这一块的企业进行淘汰。说白了，本地的大批塑料加工厂可能要面临被迁走或者倒闭的风险。这个消息对于这家塑料厂可以说是晴天霹雳，因为塑料厂为了扩大生产刚刚定了一批材料，已经交了5万多的定金。这时候风向大变，意味着工厂的这批生产资金就要被“大风”刮走了。

厂长四处打听了一下，发现很多厂子都听说了这个消息，但表面上似乎大家都不以为然。因此，经过分析以后，厂长觉得这个消息多半是空穴来风，因为半年前早就有过类似的新闻，后来也不了了之。每当有这种新闻出来时，大家都不予理会，早就已经习惯了。于是，这次厂长依旧淡定如常。他心想：政策哪能说变就变，那5万的定金绝对不能打水漂。他下令，材料照进，塑料厂继续扩大规模。

结果怕什么来什么，“狼”这次真的来了！这家塑料厂的材料刚运到，政策就下来了，本地所有的塑料厂必须在一个月内完成搬迁，重污染的工厂一律关闭和淘汰。这家工厂的名字就在淘汰工厂的名单上。厂长看着二十多万的材料堆积在厂房中，顿时傻了眼。

市场信息每天都在变化，有些是有利的，有些则是不利的。投资者一方面要获取对自己有利的信息，另一方面也要及时嗅到不利的信号，然后，正确地分析投资的利弊得失，改变投资的战略，趋利除弊，才能保证项目经营的成功，做好自己的项目。假如对市场的变化和政策的变动置若罔闻，抱着一厢情愿的心态，当断不断，结果一定是非常悲惨的。

第四，在风险面前轻易地放弃

浙江有一家公司经过严格的调查和慎重的分析，终于选准了“棉花加工”这一种市场广阔的投资项目，然后，踌躇满志地着手兴建工厂。他们的所有工作都按照计划进展得十分顺利，项目马上就要成功，准备进入加工生产。这时却突然遇上国家对纺织业的结构进行调整，使得棉纺织市场暂时趋于疲软。这家公司的领导马上就惊慌失措，六神无主，就像手中握着一个定时炸弹：“我真倒霉，刚开始投资就碰到了这种事！”他一心急于脱手，立刻发布了项目的转让公告。

谁知道，当这家公司刚刚以低价将该项目转手以后，戏剧性的一幕出现了：随着国家对纺织业结构调整的步伐迈向深入，棉纺织市场发生了强烈的反弹。这个项目的接手者赶上了好时候，马上投入生产，从中大赚了一笔。浙江这家公司的投资者肠子都快悔青了：“如果我再等几天就好了。”

就像上面所说，市场是瞬息万变的，消息有好有坏，但是否真的会带来风险？投资者必须保持良好的心态，进行冷静的分析：这种市场的变化是长期的，还是暂时的？是政策性的，还是市场性的？没有对市场变化进行理智的分析就手忙脚乱，项目的执行必然受阻，接下来的决策也会出现失误，而失误的决策一定会导致投资的失败。

第五，依靠运气进行的投资

这几年，合肥的金先生在股市上凭借着良好的运气发了一点小财。他选中的股票总能在一段时间内迅速上涨，让他大赚一笔。这让他觉得自己是命运之神眷顾的幸运儿。所以，他在投资方面总是信心十足。有一次，借着回老家的机会，金先生发现农村的很多家庭都在改造老房子，纷纷淘汰了样式陈旧的木门窗，新盖的房子也均换上了新式的铝合金门窗。金先生一下子就发现了铝合金门窗在农村的广阔市场。

回去后，金先生也没做详细的调查，就把钱全部拿出来，迅速地投资了这个项目。然而，市场的变化很快，同样具备良好性能但价格更低的铝塑材料突然火了起来。一时间，很多房屋改造的人都把目光投向了性价比更高的铝塑窗，而铝合金却在市场上滞销了。此时，金先生刚好囤了几十万元的货，还没来得及卖出去。

这次失败让金先生损失了很多的钱财，同时，也让他吃了一个大教训：**以运气为拐杖来度量投资之路，早晚会跌大跟头**。投资者如果相信运气，那么，有好运也会消耗干净。投资是一门科学，需要我们具备严谨的项目思维，需要经过理性的分析，需要有敏锐的眼光和防控风险的意识。我们既要看到市场，也要尊重规律，否则，就可能被冷酷无情的现实惩罚。

第六，合作缺乏真诚导致的失败

江苏的戴先生是一个很精明的生意人。他曾经与一家箱包公司合作，共同设计新的产品。为了能从这次投资中获得最大的利益，戴先生的心里已经拨了不下一百次的算盘。在双方签订合同的时候，戴先生故意埋下很多的陷阱，极力寻找合作条款的漏洞，力图在日后“算账”的时候自己能占得上风。

这还不算，戴先生为了“逼”对方违约，常常对那家公司多方刁难，并多次推诿资金支付时间，不断地压缩投资的金额，还寻找各种借口让对方替其出资和垫资。但对方公司并非傻瓜，戴先生的精明之举在他们眼里早就成了“小人”所为。后来，对方想办法反将了戴先生一军，让戴先生自己先违约，正好借此与他中断了合作。此时，戴先生发现自己之前的投资因为这些所谓的“精明”行为而一分钱也拿不回来了。

投资者在和人合作时，如果私心太重，合作就会缺乏诚意，投资就变成了一种欺骗的手段。在这种思维的主导下，投资者就会想尽一切办法在合作中占大便宜，坑害自己的合伙人。不过，没有谁是天生被人骗的，你不是傻瓜，别人也不是笨蛋。因此，这种行为被古人称为“聪明反被聪明误”。对项目的投资来说，假如你打算寻找一个合作伙伴，就一定要做好跟对方真诚相处、追求共赢的心理准备，否则，还是自己当“一人老板”为好。

第七，缺少谈判经验让项目陷入被动

近日，成都一家初具规模的陶瓷企业厂长参观了一座乡镇的民营小工厂，对其工厂的一个新项目表示非常感兴趣，希望能与该厂合作，在这方面共同发展，寻求共赢。这家民营小厂的厂长当然是求之不得，巴不得赶紧签订合作合同，日后也好大力地拓展销路。也许是因为缺乏谈判经验，也许是怕提出过分的要求导致这次合作泡汤，在合同的谈判过程中，这家小工厂的厂长几乎是有求必应，不管对方提出什么要求统统答应，没有任何的质疑与讨论，为后面的合作埋下了许多的隐患。

合同签订的十分顺利，直到后来合作项目进入真正的执行阶段，这位小工厂的厂长才发现了其中的猫腻。在这份合同中，其实隐藏着很多的不平等条款，而且大多是对乡镇工厂的约束，盈利乡镇工厂只能分到三分之一，而成都的企业却几乎没有任何风险。后来，随着合作的深入，这位乡镇厂长逐渐发现，所谓的共谋发展不过是一个幌子，他的工厂在这个项目中扮演的无非是一个“低价供货商”的角色，对于工厂未来的前景，完全没有任何的好处。虽然终于看穿了对方的阴谋，但这位厂长却无能为力。他只能哑巴吃黄连，等待合同到期终止的那一天。

项目合作最重要的是合同——为什么这么说？因为合同会规定所有的与成本、收益和风险有关的条件，它具有不可辩驳的法律意义，是合作双方必须遵守的共同契约。但不少创业者在对项目进行谈判签约的时候，感觉自己终于获得了投资，往往心情很激动，抱着一种“受人恩泽”的感激之情，放松了警惕。同时，由于初创业者缺乏经验，对合同应该如何制定没有心理准备和知识储备，这就决定了他们有可能草草地签署合作合同，受制于人。项目开展以后，当他发现合同十分不公平，甚至自己上当受骗时，再想反悔已经来不及了。投资者不管做任何项目，凡是涉及所签合同的环节，都不可等闲视之，一定要将全部的条款彻底理解透彻、讨论清楚，并确定符合自己的利益，才能在上面签上自己的名字。

最后，我要强调的是，投资者和项目发起人一定要学会在谈判、签约时为自己争取尽可能多的主动权，既要坚持自己的权益，又要有必要的妥协，在两者之间找到平衡。我们在签合同时应该绞尽脑汁地讨价还价，一旦合同签订，就要严格履行，让自己在项目的合作和执行中体现出高贵的契约精神。

第十章

管理你的项目清单

◎用手机APP卖煎饼果子和大型项目团队的“共享办公平台”在本质上是一样的，都是无纸化经营，快速处理数据。在统一的无纸化办公环境中，我们可以为项目成员提供统一集中的“账号管理”，在同一个办公平台处理工作，并且可以实时地查看项目的各种信息、数据和市场分析报告。例如，你的产品网页不仅有产品的介绍信息，还有客户的评价。在这个平台上，办公人员和客户都有自己的账号，打破了传统空间的隔离，同时出现在了一个小房间中，讨论这个项目。

◎我们不能说客户的意见就一定是正确的——我们当然也不能把这个真实的想法告知客户，但目前很多公司和项目的开发者确实不怎么重视客户的想法。对于有优异天赋的项目发起人、专业技术人员和专利创造者来说，他们自身足够优秀，因此，在市场、消费者和同行面前带有天然的优越感。他们可能觉得，客户只要听我的就行了，可事实并非如此。真正懂得“如何管理项目”的专家，他都明白一个道理——主动地邀请客户参与项目具有无比重要的“实用价值”。

互联网背景下的“4A项目管理”

项目管理在不断进化，10年前的项目管理理论在今天可能已经不合时宜，或者变得效率低下，难以适应未来的需要。尤其随着信息技术的不断发展和信息化管理的进步，全新的商务平台、办公系统和业务应用环境层出不穷，信息技术在企业和项目的运营中全面渗透。这时，面对眼花缭乱的事项和管理工具，项目主管的压力也越来越大。

在互联网的背景下，项目管理成为一个“数据化”和“共享式”的课题。如何提高项目管理水平，实时掌控项目的进度和团队成员的工作成果，并及时发现不足？越来越成为企业、投资者和项目管理者关心的问题。

什么是“数据化”和“共享式”？举个例子来说，你投资了一个在街边卖“煎饼果子”的项目。放到5年前，这个生意很简单不是吗？就是找一所学校或一个小区的门口，支一辆小车，放一个剪锅，然后叫卖，辛苦干一天下来，卖多少是多少。在这个过程中，项目的管理十分轻松：把煎饼果子做得好吃一点，保证进度，卖一个，就收一份的钱。天色晚了，就推着车子回家。回家以后，打开账本记上当天的收入。其他的事情就没有了。

但是，今天有了互联网的介入，这个项目的经营变成什么样了呢？你把自己的产品和服务放到网上——外卖平台，或者在微信上推广你的某某牌“煎饼果子”：和别人做的在口味上有什么不同，加了几个鸡蛋，有什么样的独特配料等，邀请别人点餐，30分钟送餐上门，不好吃不收钱。这时，你会发现，自己的项目管理变得复杂了，也变得有趣了。因为它实际上成了一个自动点餐与配送系统，你的项目打破了地理位置的限制，从一个小区门口的外卖摊变成了一个可以在网上口碑传播的外卖品牌。这时，你就要引进和互联网相关的项目管理理念。同时，你自己也一定意识到：

第一，你要增加人手（摊饼工和送餐工）。

第二，你要购买设备（送餐的车辆和工具）。

第三，你要拓展和管理微信上的客户（与他们保持即时沟通）。

第四，你要收集产品反馈（人们对煎饼果子的评价）。

第五，你要改进工艺（让产品更好吃）。

因为一个销售理念的不同和一部手机的加入，这些工作就像“无中生有”，瞬间就增加了管理的难度。此时，你会看到自己需要放下煎饼的工作（作为老板就不要亲自动手了），专心从事项目的管理。这就是我们的“4A项目管理”应运而生的原因，它不仅适合中大型企业，对小公司和小项目来说也是管理的利器。

Account——集中账号管理

用手机APP卖煎饼果子和大型项目团队的共享办公平台在本质上是一样的，都是无纸化办公，快速处理数据。在统一的无纸化办公环境中，我们就可以为项目成员提供统一集中的“账号管理”，在同一个办公平台处理工作，并且，可以实时地查看项目的各种信息、数据和市场分析报告。例如，你的产品网页不仅有产品的介绍信息，还有客户的评价。在这个平台上，办公人员和客户都有自己的账号，打破了传统空间的隔离，同时出现在了一个小房间中，讨论这个项目。

账号的集中管理意味着，只有经过管理者授权的成员才可以查看关键信息。项目主管不需要使用面对面沟通、多人会议等传统手段，就能通过账号的授权来分配任务，减少了项目的沟通和信息的收集成本，加快了工作的速度，提高了团队的效率。

Authentication——集中认证管理

为了实现项目信息和企业资源的“单点登录”，管理者可以根据团队成员的实际需要，以及客户出于了解项目进度的要求，为他们提供不同权限的认证方式。例如，你的煎饼果子项目可以提供VIP客户的服务，你要发给他们认证信息，邀请他们在APP的主页参加这个项目的管理，他们能知道你什么时候出现在哪个地点，便于及时地订餐。通过这种集中的认证，买卖双方都可以实现信息的统一管理。这样既保证了内部沟通的流畅，也使客户有了实时参与和监控项目进展的可能性。

Authorization——集中权限管理

在账号及认证制度的支持下，项目的**“相关人”**可以随时访问项目信息，参与项目的工作。但另一方面，我们如何保证安全性？通过集中的权限管理，项目主管可以对“相关人”的信息访问权限进行针对性的控制。就是说，权限既可以认证，也可以收回，管理者视项目进展及安全的需要，随时对权限进行更改。这并不是告诉你，只要客户有一周不买你的煎饼果子，就可以把他的账号删除。不是这样的，而是在保证服务的基础上，你要控制“项目管理”的安全。

Audit——集中审计管理

我们将团队成员所有的工作数据和进度集中记录，统一管理和分析，为项目主管提供了一个综合的数据分析平台。通过这个平台，不仅能够对团队的行为进行监控，并且，可以通过集中的工作审计监控项目的进展，提升项目的效率。当项目出现问题时，可以立刻认清责任。这个集中的审计管理还体现在，我们的项目收入是即时的，就像支付宝在双11购物狂欢节的实时显示大屏幕——上面即时地显示每一个时间点的交易量和成交额。这是大数据为我们带来的好处之一。运用这个技术，你就不必回到家再打开账本、拿出计算器算一下自己今天究竟赚了多少钱，因为这个数字你随时可以在一个既定的平台上查看。

每周一次的“检查清单”

为了让自己随时清楚公司的不同项目是如何运转的，我在2011年设立了“检查清单”制度——公司的13个部门和6个独立的调查小组，以及正在开展的所有项目都同步纳入了清单机制，记录每周一到周五的项目信息。在大的清单下面，又分成了几个针对性较强的细则清单，分别对应项目不同的环节。

例如：项目进度清单统计各个项目的进展情况，做成每天的简报和每周一次的概要阐述；成本清单记录每个项目在一周内的成本支出；人员清单记录下这些项目在过去7天的培训人员的出勤和课程服务信息；客户清单记录对应的“客户信息”。更要紧的不是纸面的数据，而是数据体现出来的业绩及项目的市场反馈。这些变动的数字为公司后面的决策提供依据，告诉我应该重点加强对哪个项目的管理，或者应该取消哪些反响较差的服务。

项目的细节管理是非常重要的，你可能也需要一份全面的“检查清单”，用于帮助自己每周一次的进度核查。下面的这些属性和情形总有一些是你需要检查的。为了监控我们的项目，你要定时查看这些信息。不管是大企业，还是小的项目团队，把整个管理流程专业化、清单化，都将有助于你做出更加正确的决策。

公司项目执行的组织是个人还是团队？

团队的成员是否在分工协作？

项目的分管人是否在从事具体的工作？

项目的执行计划经过严格讨论部署吗？还是仅凭管理者的经验随意分配？

项目中可能存在的细节问题在本周是否引起了注意？

上一周的项目信息是否需要公示？

团队成员明确知道项目内容以及与其他工作内容的关系吗？

通过一周的工作，项目优先级的划分是否明确和正确？

项目阶段计划的预估时间是否准确？加班情况如何？出勤率如何？

项目制订的执行流程和标准，团队成员是否熟记并严格遵守执行？

团队中目前存在竞争吗？

团队中有无相互扯皮的状况？

对于一些重点、难点问题的解决，现在是否需要将经验分享给成员？

项目执行过程中的技术问题是怎么解决的？

近期，项目所需要的特殊人才资源是否存在缺口？

作为一个管理的模板，检查清单可以帮助我们在项目执行期间随时监督工作的进展，查看每个部门、每名成员的工作情况，了解项目的具体信息。我们要保证项目是可行的，正处于盈利的正确轨道，清单就是我们的有力工具。它的方式是灵活的，你应该结合自身的需要来对应设置不同的清单，记录和分析项目的各种数据。重要的是，我们不能让项目的进展失去控制。

检查清单有助于防止失败：它可以积累经验，并把经验记录下来。与此同时，当项目出现失误时，检查清单能够及时地统计分析问题。它还可以发现问题的征兆，提高管理者应对的效率。因为我们可以用最快的速度做出反应。

检查清单用于确认进度：为了保证项目的完成率和按照计划顺利进行，我们需要一个统计工具。我们用不同形式的清单来确认工作进展到了哪一步，并且，用它来掌控速度。通过检查清单，你可以看到项目当前的完成情况、预算的支出、人员的状态和团队合作的情形，为下一步的计划提供参考。

你要做什么和怎么做

在15年的项目管理和咨询过程中，我认识到项目管理的本质就是：**“调动一切可利用的资源来提高团队的效率，确保项目可以高质量地及时交付”**。没有什么工作比这更重要，它是我们做一切事业的终极目标。因此，对管理者而言，当你接手一个工作时，你要明白的第一件事并不是“这个项目可以为你带来多少收益”或“这家公司能成长为什么级别的企业”，而是两个非常朴素的问题：

1. 我要做什么？——站在客户或市场的角度，这个项目要求你创造的东西。

2. 我需要怎么做？——站在你个人的角度，这个项目对你的能力提出的要求。

胡克尔（Hooker）在进入我的公司担任市场开发部门的副主管之前，曾经长期担任一家科技公司的系统软件外包项目的管理者。他说："及时交付率和客户满意度是考量项目管理人的首要指标，这是我们要明确的一点。在这个基础上去思考自己要做什么，需要怎么做，就有了比较清晰的答案。"要实现交付率和满意度这两个目标，我们必须审视团队的能力基础，并对内部的人员结构进行组合：我有哪些类型的人才，我的这些人才是否足够满足客户的要求？能不能把客户的需求变成现实呢？

你要定义项目的需求——渐进式的定义需求的环节

一个最近的例子是，公司的开发部门花费了8个月的时间设置的培训课程在北美地区并没有取得计划中的效果。从盈利上看，该课程在2015年上半年的业绩不足20万美元。为了警醒开发团队的成员，胡克尔在2015年年底一口气解雇了3名成员。他认为这些人没有明白"自己应该做什么"，因为工作的第一步就是去定义需求——项目的需求应该和市场充分结合起来，要看看它是否有足够多的客户。否则，没有客户、不能满足需求的项目即便推上市场，又有什么意义？

你要保证客户的意见被重视——建立相应的机制来反馈客户的信息

我们不能说客户的意见就一定是正确的——我们当然也不能把这个真实的想法告知客户，但目前很多公司和项目的开发者确实不怎么重视客户的想法。对于有优异天赋的项目发起人、专业技术人员和专利创造者来说，他们自己足够优秀，因此，在市场、消费者和同行面前带有天然的优越感。他们可能觉得，客户只要听我的就行了，可事实并非如此。真正懂得"如何管理项目"的专家，他都明白一个道理——主动地邀请客户参与项目具有无比重要的"实用价值"。我们要有相应的机制来收集客户的信息和意见，因为这关乎项目的生死。你可以换一个角度思考：外卖网站上的一个小店都懂得邀请客户在提出宝贵意见的同时打一个好评，你为什么不可以吗？

你要对市场的变化进行动态跟踪——为项目的运营活动提供及时的意见

现实中的项目管理者和投资人的共同点是，他们既关注市场，研究市场，但又对市场的变化缺乏足够的重视——这不仅体现在行动中，还表现在思想上。当市场出现意料不到的变化时，很多企业家会固执地用“理想”来坚持过去的做法，就像20世纪90年代的史玉柱和坚持不向潮流妥协的诺基亚董事会。他们把自己正在做的事情“神圣化”了。颇为遗憾的是，多数失败者在以破产收场时仍然意识不到——正是这个问题让他的事业失去了本该起死回生的机会。

你的资本是什么？列出来

为了做好这个项目，你能提供什么？做了哪方面的准备？这是很现实的问题，不容我们回避。管理资本就是在设计项目，因为正是资本的强弱决定了你能够做什么。多明戈谈到项目的准备工作时说：“项目资本的本质除了金钱和设备，还有人力资源与关系资源。在今天，我们也会把‘市场机会’作为一种项目的资本对待。”

1. 实物资本

你能提供的固定资产、设备等物质，可以用于项目启动的，都可以划入资本的清单。比如，厂房、原材料、办公设备等。

2. 货币资本

你为项目的前期投入准备的启动资金和后续的投入资金，是项目能够开展的重要保证。这笔钱既可以由自己来出，也可以通过外部的融资来获得。

3. 人力资本

人才的投入是项目的“人力资本”，没有人才你就没有未来，因为你只有单枪匹马，靠个人英雄主义去残酷的竞争中碰壁。人才都是哪些人？例如：你的合伙人是谁；你准备了多少得力的干将；你的团队构成是否完善，他们有没有能力胜任关键环节，来帮助你完成这个项目？

4. 技术资本

对于科技类的项目来说，“技术资本”是格外重要的，它的重要性远远超过实物和货币资本。技术就是科技项目的核心，特别是指团队的研发能力和已经取得的技术专利，它基本代表着一个科技项目的未来。典型的例子是乔布斯时期的苹果公司和现在的美国高通公司（America Qualcomm Corp），它们掌握了大量的核心技术，因此，在市场的竞争中总是占据主动。在这个产业中，它们依靠技术控制上游，没有任何一家中下游的企业可以绕开它们而独自行动——除非你拥有了更好的技术。

5. 市场资本

如果前面四种资本你全都没有，也不用灰心，你可以看看自己有什么特别的想法，把它变成一份商业计划书——阐述你的项目，并分析它的市场。一个有广阔市场前景的项目，本身就是一种资本。不过，这种资本通常是非常弱势的，尤其在投资人的面前。你除了一份计划之外一无所有，就必须接受被投资人控股的结果。另外，不同的人对市场的判断有区别。投资人A认为你的项目价值连城，他愿意拿出1000万美元借给你；但投资人B可能会觉得你的项目分文不值，是一张废纸。说白了，你必须承担这个风险。

哈佛商学院的教授迈克尔·波特（Michael E. Porter）是商业管理界公认的“竞争战略之父”。他的商业竞争思想已经成为经典，并著有《竞争优势》一书。波特在自己的另一本书、1980年出版的《竞争战略》（Competitive Strategy Techniquesfor Analyzing Industriesand Competitors）中总结出了五种竞争力，分别是：**行业中的现有对手之间的竞争和紧张状态；来自市场中的新生力量的威胁；可以替代的商品或服务；供应商的还价能力以及消费者的还价能力。**对项目的发起人来说，你也许可以从中悟出点什么，那就是——发现自己的优势，把它罗列总结出来，并把它转化为自己的项目竞争力。

当你明确地发现并利用好了自己的资本，再辅以积极的学习和创新能力，项目就有了生存壮大的可能性。在项目的资本清单上，你要确定并发展自己的独特价值，以防被别人替代；你要开发并巩固自己的优势市场，以防被别人覆盖；你要开拓并加强自己的人才资本，以防被对手超越。最后，提高自己满足市场需求的能力，它能为你带来无限的资本。

把项目的“收尾工作”放到显著位置

我在2012年应邀参加了美国项目管理协会会员的一次年度会议。与会者来自全球100多个国家。这些精英人士皆是各个国家项目管理领域的顾问、经理人以及专家学者，对于项目的管理实施有着很深刻的见解。

这次会议的主题旨在讨论“项目收尾”，也叫做验收、验工。大会主持人做了简短的大会致辞，很快进入了讨论阶段。这次会议的热烈程度完全在我的意料之外，纵然都是本领域的专家，在谈到项目收尾的时候，几乎人人满腹牢骚。

曾经服务于微软公司的项目管理顾问赫尔伯格（Herberge）先生道：“我总是以为该干的事情全干完了，马上可以兑现带着全家老小去夏威夷度假的承诺。这时候，客户却提出新的想法。他们的要求可真不少，简直是要让我做一份新的工作。但我能说什么呢？”

“比这更令人糟心的是合同收尾，你们体会过没有？”来自印度一家IT公司的高级经理人接过话说，“一切都要‘接近’结束的时候，请注意我用的是‘接近’，问题来了，客户带来几十页的合同文件，泡了一杯咖啡，要就具体的条款和我一条条地协商。上帝啊！他们提出各种要求阻止你结束工作，似乎我们付出的时间和精力令他们无法赚回付出的金钱。”

“你没遇到不愿结清账目的客户已经很幸运了。我遇到过一个客户，因为在项目收尾阶段对我方采购材料的价格产生异议而拒绝清帐。这导致采购价格审查进行了一个多月，为了8美分的价格误差，整个工程差点毁掉。”

由于很多项目天生带有诸多不确定因素，比如采购审查问题、客户需求变更问题等，这些都要等到项目最终收尾的时候才能确定下来。这就致使很多项目到合同收尾的时候遭遇问题。还有一些刁钻客户会为了公司利益在合同漏洞中寻找机会，故意拖延项目收尾工作，在结算账目的时候找各种理由推辞，致使很多公司都担心不能顺利收回资金。

但这些问题并非没有办法解决，项目管理者如果能够在项目计划执行过程中重视起来，很多问题是可以避免的。

彻底地执行“阶段管理”

深圳一家IT公司的项目经理曾经向我抱怨：“有些客户真的太过于较真，项目收尾的时候提出要一项一项地按照合同验工。如果有一项未能完成，项目计划都不能算完成。我这时候再去找合同还有什么用呢？客户总会找出一条两条的把柄故意刁难我，这种情况到底要如何避免呢？”

其实，这也不能责怪客户刁难。项目经理人之所以感觉收尾工作困难，是因为项目的“阶段收尾工作”从一开始就未受到重视。在项目管理的日常工作中，由于项目工程繁多复杂，项目团队为了赶进度和解决棘手问题，当一个阶段的工作完成之后直接进入下一阶段，未能进行阶段收尾。这就导致有些次要工作被忽视，等到项目最终收尾的时候，才发现很多阶段问题也需要去完成。

作为项目管理的重要手段，阶段管理收尾的作用至关重要。项目管理者不应把其当作无关紧要的环节置之不理。阶段性的管理收尾是对项目数据的阶段收集和总结，应该同其他任务安排一样，在计划中得到切实执行。当你每一阶段的工作都和客户做一次对接，并且确认结果，就不存在项目收尾时又全盘推翻的问题了。

做好每一阶段的沟通工作

有些项目管理者也采用阶段管理来收尾的方法，但是，不与客户及时沟通。这样一来，项目的阶段收尾就失去了意义。

王强是一位在深圳地区负责工程项目的负责人，因为平时工作繁忙，常常忘了找客户签署一些必要的文件。到工程接近尾声的时候，王强才在办公抽屉里发现有几份前期工程质量的阶段验收文件需要客户签字。他这时给客户打电话，对方却以“时间过去太久，负责那部分工作的员工已经去了其他的岗位”为由拒绝签字。后来在合同收尾的时候，双方因为款项问题发生了纠纷，对方当时负责阶段质量验工的负责人也不愿意站出来为他说话。一时之间，王强陷入了困境，这个项目的收尾工作竟然拖延了两年都未能结束。

不管是什么项目，阶段总结都是十分必要的。及时地与客户沟通意见，阶段性的问题阶段性解决，当时的文件当时签署，切莫等到最后一起处理。万一出现不好调和的矛盾，前期积累下来的问题可能就会连累整个项目收尾无望。

重视项目进程中的数据收集

在项目的进行中，各类数据都是应该即时收集的。但总是有人问我："高老师，数据应该如何收集呢？"作为项目管理人，他们对细节不甚了然。

埃文（Aven）之前服务于纽约的一家安全技术公司。刚到职没多久，他就接手了一个烫手的山芋。前任项目主管在离职时遗留了一项重大的技术问题。埃文费了九牛二虎之力，才把这个问题解决掉。这时，距离他接手的这个项目启动时间已历经四年有余。当他找到客户进行项目验收的时候，那边的负责主管也已经换了人。

对方新上任的主管是一个严谨的人，请求埃文提供具体的项目数据和进度记录。因为他对这个项目并不了解，并且不想草率收尾。对埃文来说，这是一个极大的难题。为此，他千方百计地找到了前任负责人，前任负责人又推说数据被保存在了离职多年的一位客户主管那里。埃文只好左右奔波，最后，总算解决了这个问题。

从这个普通但又让人头疼的案例中，项目管理者应该汲取的教训是什么？我的建议仍然是做一个项目的管理清单——详细地列明哪些数据需要保存记录，并且，通知团队成员在"阶段任务"完成时保留这些对应的数据，安排专门人员负责数据的收集、整理、存档工作，做成表格、文档或者曲线图等文件。

还有一些文件涉及的跨度较大，等到项目收尾的时候已经过去了好几年，项目负责人换了好几个，客户那边的负责人也不再是旧面孔。这时候，要完成项目的收尾，靠的就是那些白纸黑字记录的数据以及双方当时签署的文件。这些记录可以作为证据，用来保护项目负责人的利益，因此，平时一定要收好。对于一些需要转给客户的资料文件，项目负责人要确信客户那边是当时签收。

万全之策是做备份，自己存一份在手，关键时刻就能派上用场。

最后，需要强调的是——在数据和证据的整理方面，项目管理者一定不要嫌麻烦，有些事情不碰上则属幸运，一旦遇上，可能就是你投资生涯中的大麻烦。

附录

“优质项目”执行手册

第一部分：在互联网时代，你该拥有的投资心态

1.“赚钱工具”定律

投资赚钱不是人生的目标，也不是幸福的定义。换句话说，投资赚钱只是一种获得幸福的工具。我们可以通过赚取更多的财富来改善生活，实现梦想，但不能成为金钱的奴隶。为了赚钱就什么都去干，结果往往是名财两空。驾驭金钱是一种成功者才会拥有的能力，而绝大多数人都在做金钱忠心耿耿的仆人。做投资、做项目一点都不简单，如果不具备对于财富欲望的自控力，通过投机来让自己一夜暴富的心态就会迅猛滋长。如果你想要投资成功，就要从掌握基本的行业知识和财富定律开始，内心的修习准备到位，外在的财富才会滚滚而来。

2. 资产配置定律

理性的创业者不会把所有的资产都拿来投资，除非他对于风险的概念一无所知。对于普通投资者来说，必须量力而行，保持投资的稳健性，通过资产的合理配置来分散市场风险，以此获得投资的相对安全。在经营一个项目时，要保证自己只投入了三分之一的资产，这才是比较稳妥的方法。

互联网时代，市场上的投资项目多种多样，很多都具有欺骗性，投资者要根据自己的实际情况来介入，灵活分配自己的资源。通常情况下，我们家庭总收入的40%可作为投资资金启用——也不宜全部投入到项目之中，而剩下的60%则应用于家庭生活和备用资金。不过这个比例并非固定，有些家庭的风险承受力更高，对于做事业和理财有更高的目标，则可重新对这个数据进行配置。但

我们仍然建议，在投资项目的时候务必注意风险的搭配，不可全部投资于股票、期货等高风险项目，也不可只关注那些成长性较慢、占用大量资金的项目。这两种项目一旦发生危险，很容易导致投资人的财务破产。

3. 悲观期望定律

如果你对未来的收益保持较高的期待，那么，你会常常失望。这是一个经常发生的现象。因为市场只会记住最后的成功者，但失败者的教训往往更有参考价值。对所有的项目而言，较高的收益都只属偶然，并非经营的常态。即使大多数投资者都抱有侥幸心态——许多天使投资机构也经常犯下盲目乐观的错误，在一些项目上投入大量的资金却收获甚微。投资市场的真相是，你的收益会始终徘徊在“市场平均值”左右，你的期待越高，失望就会越大。

任何投资市场都存在风险，所以要保持一颗平常心，降低自己对收益的期待，随时做好破产的准备。特别是对于一些高风险项目，要从一开始就应该正确对待，做好最坏的准备。赚到了开心，赔了也不至于深陷失败的泥沼难以自拔。当你有了这种淡定的心态后，你才能洞察项目背后真正的机遇，及时地把握那些突破性的时机，做出关键的决定。

4. 风险保障定律

大凡成功的投资者都为自己建设了一堵“风险保障”的坚固城墙。即在涉险之前，他们已经做好了失败的准备，留出了一条全身而退的通道。而失败者恰好相反，他们只打算成功，没预备失败后如何为自己的失误和愚蠢买单。结果是，前者只损失了部分的财富，后者则损失了一切。

风险保障就如同一份“人身保险”，在生意出现失误、项目前功尽弃后，这份保障会保证你的家庭或正常生活不受到影响。少了这个保障，则会让家庭在你事业失败的同时涉入困境。因此，我总是忠告那些跃跃欲试的投资者，在互联网时代提供的各种诱惑、商机面前一定要保持理性。如果没有十足的把握，不要轻易试水“高危”项目。尤其是那些存在两种以上风险因素的项目——比如，同时存在市场和政策方面的风险，要想到自己万一失败是否能承担得起这么大的损失。如果失败的结果足以影响你的生计，这个风险就太大了，此类项目最好不要涉及。

5. 项目的“墨菲定律”

如果你正在做投资一个项目的打算，请先把墨菲定律放在重点领会的第一条。墨菲定律以一个诡异却难以推翻的真相警示我们：如果事情有可能变坏，不管这种可能性有多小，它总会发生。对，它一定发生，问题是什么时间。

这个规律充斥在我们生活的方方面面：当你担心赶不上飞机的时候，路上一定会遇到堵车；当你着急上厕所的时候，前方总是排了长长的队伍；当你担心锋利的刀子会切到手指时，却总是难以集中注意力……它尤其适用于投资理财和项目经营。比如：你今天刚买了一支涨势强劲的股票，但明天就一路狂跌；当你吐血卖掉之时，股价突然又开始疯涨；你看好一个项目的商机，花大价钱买下了专利，却忽然看到国家政策禁止这类项目的上市。这些风险都可能随时发生。为此，投资者一定要有良好的心态，在行动之前就做好周密的准备，调研市场，了解政策，不能只想着“赚”却不接受“赔”。赚和赔都是投资市场的常态，没有谁是永远的赢家。

6. 项目耐心定律

假如你今天买入一支股票，明天早晨就开始期待它上涨；假如你开了一家电商店，第二个月就想着回本，甚至还想盈利；假如你准备招聘人才，广告刚发布出去没几天，就希望组建好一支成熟干练的团队……这些都是很不成熟的心态。不管是投资股市还是投资其他项目，无论面对项目经营中的哪个环节，作为项目管理者都要具备强大的耐心和定力。项目要看中长线的发展，期待短期收益还不如去买彩票。投资者要把侧重点放在未来的收益上，不要抓着眼前的得失斤斤计较，甚至因暂时的挫折、亏损而着急退出。

第二部分：优质项目的执行法则

1. 项目的“合法法则”

现在总有一些投资人喜欢钻法律的空子，打市场的擦边球，做一些明知不可为却偏要为之的事情。除去投资的风险不说，这种行为或者心态的本身就是极其冒险的。任何投资行为都置于市场的监督之下，完全的真空地带并不存在。投资行为一旦脱离法律的约束，就如同向市场和企业的环境中投掷了一颗炸弹，于人于己都危害极大。所以投资者切忌自大和侥幸，以为凭自己的关系和地位就可以任意投资，什么项目都可以做。在法律面前，一切市场的庇护都是没有效力的。拿企业的未来和命运做赌注，是头脑发昏的行为。为了利润而去铤而走险，结果是害人害己。所以，投资者在项目的选择和执行中，切记要遵纪守法，无论利益的诱惑有多大，也勿要投资国家明令禁止的项目。

2. 技术陷阱法则

的确，在现有投资市场情况下，依托互联网环境的高科技产业成了最具前景和竞争优势的项目。技术优势的开发和技术平台的垄断效应，不仅能为我们带来财富上的收益，还会提高企业的创新力和竞争力。因此，越来越多的企业把目光聚集在高科技产品的研发和创新上，投入大笔的资金和大量的人力、物力，以期待未来回报。

然而，高科技投资并非“一劳永逸”，它不是坐地收租的项目。既然是高科技行业，就意味着前期需要投入大量的资金，只有资金特别雄厚的投资方才有实力保证后续的研发。同时，高科技术创新的背后也埋藏着市场不成熟的问题隐患，投资周期长，市场开发的难度大，未来的风险也大。伴随巨大诱惑的，恰恰是不成熟的技术埋下的陷阱。在投资此类项目之前，一定要慎重研究，有些高新技术尚不成熟，若需要花费巨大的精力去攻克难关，这样的项目就不要考虑了，因为很可能为他人做嫁衣裳。

3. 前景预测法则

现在的市场中有不少投资者过于心急，盲目跟随市场，以为互联网时代就等于商机遍地，随便做点什么就能赚钱，未做详细的研究就甩手干起来，结果必然是失败的。投资项目不是市场买菜，买到坏菜可以立刻扔掉。投资了一个“坏项目”，就像捂着烫手的山芋，想扔掉是很难的——它意味着巨大的损失。投资者想要获取更多的收益，就要从一切方面降低可能发生的风险，那么，对项目的前景预测和分析就是一个至关重要的环节，这决定了我们的目标是否具有可行性。若对于项目的未来比较看好，风险又是可控的，这样的项目方可投资。如果投资者拿不准，不知道该不该投资，最好暂停行动，慎重对待。这时，你既需要权威人士的帮助，也需要自己衡量一下风险承受能力。

4. 安全第一法则

不论从事哪一个行业，投资哪一类项目，安全生产、安全投资永远是被摆在第一位的。只有资金、市场、产品、管理等要素安全了，企业才会安全，投资才会安全，我们才有获得未来收益和可持续发展的可能。在安全法则中，“政策安全”是项目运营的基础，同时，也是选择项目的底线。如果一个项目的风险过高，存在诸多的“安全”问题，特别是和国家的相关政策有所冲突，管理者和投资者一定要警惕，不可冒险行动。

5. 环保法则

近些年来，随着中国经济水平的提高，人们的环保意识也越来越强，国家政策对于环保的监督与治理也达到了空前的严格。这就对投资者和企业家产生了一个新的要求：你的项目必须是环保过关的。虽然各地发展水平不一样，政策上对于污染的要求标准也不尽相同，但作为一个有远见的企业家和投资者，就算是为了子孙后代的健康发展，也应该把环保纳入比利润更重要的地位。对于一些污染较大的项目，尽量不要涉及。如果已经开始经营，就要做好排污处理和预防，切不可为了短期的利润睁一只眼闭一只眼——将来一定会为自己对环保的忽视买单。

6. 节约成本法则

对于项目的投资者和管理者而言，节约即是获利，而节约要从控制成本开始。好的管理者应合理配置资源、提高资源的利用率，从而为企业节省成本的损耗。为了节约开支，管理者要为项目设置整体的、阶段性的成本计划，建立科学严谨的预算制度：该花的钱一分不省；该省的钱一毛不拔。

7. 资金控制法则

很多投资者会遇到项目的执行过程中预算不够的问题——意外因素导致资金吃紧，或者超出预算。这时候投资者不可能因为资金不够就停止后期项目的进行，只好不断地追加投入，等到项目结束进行盘点的时候，却发现项目的投资总额已经远远超出了当时的预算。这是一个非常普遍的问题。

预算出现偏差是任何项目都避免不了的，因为项目执行过程总会发生诸多不可预料的问题。如果前期项目计划做得不够严谨，细节预测太少，再加上资源损耗，经营中不注意开源节流，超出预算好几倍都是有可能的。有些企业资金雄厚，能够承担项目超出预算带来的损失。有些企业则财力有限，无法继续追加资金，这时就会产生“项目烂尾”，使企业陷入进退维艰的困境。

8. 产业衔接法则

有些企业为了做大做强，分散资金压力和项目风险，喜欢投资不同的产业、涉足不同的领域，从房地产到高科技几乎无所不及，试图搭建项目集群，进行跨界经营。但有些产业之间没有任何的联系，与企业的核心业务更是丝毫挂不上钩，盈利也不可观，只是看上去扩充了企业的规模而已。这时，企业就应该考虑放弃一些不必要的项目了。除了能保证现金流的非主业项目，真正对企业有利的是那些能与公司的主要产业结构衔接、对企业现有技术和生产力起到互补加强作用的投资。这类项目容易管理，市场风险相对较小。比如产品的上下游环节等，如果考虑扩大规模，可把目光放在相关领域。就是说，当你准备投资很多不同的项目时，必须保证它们之间是能够衔接为一体的，形成一个生态链。

9. 产业布局法则

在目前的互联网背景下，诸多的生产领域已经形成自己的生态圈，专业化、区域化、集中化的格局越来越明显，并且呈现出了去中间化的趋势，一些原料和产品市场集中表现出在某一区域全方位提供配套服务，物联网高度发达。这种新的市场格局对企业布局的影响不容小觑，因为企业投资所需的一切资源可能都集中在此地，比如原材料、技术服务、人才资源、市场渠道，等等。我们在投资的时候若能考虑到这个因素，与这些区域市场建立联系，可能会大大地节省人力财力，投资的成功率也会大大地提升。

10. 买卖一体法则

不论是传统经济模式还是今天的互联网商业模式下，任何的投资都要经由销售这一环节来实现获益，销售若不顺利，投资结果一样是失败的。但成熟的销售渠道和销售模式的建立不可能一蹴而就，通常需要花费巨大的资金和精力才能完成。因此，投资者和企业的管理者要注意，在项目选择之初就应关注产品营销的问题，最好选择那些与企业现有销售体系相衔接的项目，如果销售系统的差异过大，需要重新建立一套模式，这样的项目最好就要慎重一点。

此时，要么就将产品的销售权利外放，从其他公司获得渠道和成熟的营销系统，但这样一来，就要损失很多利润，到头来得不偿失。要么就要迎合“互联网+”的商业模式进行变革，从内部实现买卖一体，减少中间环节来跟消费者直接对接。比如小米公司的“产品社群”模式，就是一个成功的案例。

11. 团队定音法则

说到底，一个企业无论它的背景多强、实力多大、资金多么雄厚，到最后影响成败的还是把这些因素巧妙利用起来的人。人才是企业成功的关键，是项目能否赚钱的保证。项目团队的质量对项目结果的影响是最直接的，甚至可以说直接影响着项目的生死。在这些年的咨询中，我发现有些项目计划做得很好，但团队的执行力出现了严重的问题，最终还是会偏离目标，导致计划的失败。有些项目计划并不完美，甚至风险很大，但项目团队很优秀，管理者能够查漏补缺，各环节的执行人员可以及时地对问题进行修正完善，结果使一个平庸的项目焕发生机，完美地收官。这就是团队素质的差异，是人才能力的体现。好的团队胜过好的项目，所以企业在选用项目经理的时候必须擦亮眼睛，哪怕多花费点时间，也要找到最适合项目的人才，搭建一支卓越的人才团队。

12. 流程简化法则

在团队工作的过程中，项目经理为了确保每一个环节万无一失，往往会对工作流程进行复杂化处理，导致很多工作的重复，工作效率大大下降，还增加了项目的难度。根据研究显示，一项工作的步骤设定得越复杂，其完成的困难度就越大，而且呈现几何级数上升的态势。假如你交代给员工一个任务，要求他按照5个步骤完成，那这件工作的难度就是25，员工可能需要5天才能完成。但实际情况是，员工只需要3个步骤就能完成这项工作，难度仅仅为9，他仅需两天就能完成任务。

流程的复杂化会使一项本来非常容易的工作变得异常艰难，还浪费了项目的时间，影响项目的进度。所以一个成功的企业，一位优秀的项目管理人，必然尽量减少工作步骤，简化工作流程——项目的环节越少越好，流程越简单就越容易管理。既提升了团队的工作效能，也降低了项目延误的可能。